高等职业教育"十三五"创新型规划教材
"十二五"职业教育国家规划教材配套实训

推销技术综合实训

主　编　田春来
副主编　詹天鸣　赫惠新　冉　娟

北京理工大学出版社
BEIJING INSTITUTE OF TECHNOLOGY PRESS

内 容 简 介

《推销技术综合实训》贯彻执行了高职教育理实一体化的现代教育理念，不仅浓缩了《现代推销技术》的理论精华部分，还增加了习题测试及综合实训环节，凸显高职高专教育特色。高职营销专业教育本身就是书本由厚变薄再变厚的一个量变到质变的飞跃过程。本书在编写体例上力求精选理论应用、重视技能操作、检验学习效果的原则，强调实用性、可操作性、灵活性。本书覆盖了现代推销技术所有的实践内容，以锻炼学生推销核心技能为出发点，以企业岗位用人标准为准绳，通过温习理论精华，检查理论应用，提高实训锻炼技能，使学生系统掌握推销商品的全部知识目标和技能目标，为学生快速胜任推销岗位工作、实现零距离上岗奠定扎实的基础。

本书可供高职院校市场营销专业、汽车营销专业及相关其他商科专业的推销实训或推销技巧教学使用，也可作为企业销售人员培训和参考用书，对推销技术感兴趣的读者也非常适用。

版权专有　侵权必究

图书在版编目（CIP）数据

推销技术综合实训/田春来主编. —北京：北京理工大学出版社，2018.8
ISBN 978-7-5682-5856-2

Ⅰ. ①推… Ⅱ. ①田… Ⅲ. ①推销－教材 Ⅳ. ①F713.3

中国版本图书馆 CIP 数据核字（2018）第 149654 号

出版发行 / 北京理工大学出版社有限责任公司	
社　　址 / 北京市海淀区中关村南大街 5 号	
邮　　编 / 100081	
电　　话 / （010）68914775（总编室）	
（010）82562903（教材售后服务热线）	
（010）68948351（其他图书服务热线）	
网　　址 / http：//www.bitpress.com.cn	
经　　销 / 全国各地新华书店	
印　　刷 / 北京国马印刷厂	
开　　本 / 787 毫米 × 1092 毫米　1/16	
印　　张 / 13.5	责任编辑 / 武丽娟
字　　数 / 313 千字	文案编辑 / 武丽娟
版　　次 / 2018 年 8 月第 1 版　2018 年 8 月第 1 次印刷	责任校对 / 周瑞红
定　　价 / 36.00 元	责任印制 / 李　洋

图书出现印装质量问题，请拨打售后服务热线，本社负责调换

前　言

《现代推销技术》是高职市场营销专业必修的专业课，《推销技术实训》是市场营销专业必修的实践环节课程，为达到学以致用，让营销专业学生快速达到企业用人单位的需求，全国近千所高职高专大都两门课程同时开设。如何让学生既能学得懂说得好又能学得巧做得对，理实结合，德技并重是困扰高校市场营销专业教学的一个难题。

本书从提高学生理论知识的应用能力，注重锻炼学生实践动手操作能力的角度出发，强化考核和检验学生的销售执行力，提高学生求职就业的竞争力，从而实现人才培养定位的初衷。本书编写分为三个篇章：知识精讲篇、习题测试篇、技能训练篇。本书编写主要有以下四个特点：

1. 以精讲精练精训为主线

通过认真筛选知识点，精心设计项目测试，强化考核技能训练将推销技术实训及综合指导完美呈现给学生，先理解知识点的精华，再检验知识的掌握程度，最后用考核实训技能操作实现理实一体化。

2. 与主教材《现代推销技术》完美搭配

本书结构体系编排更加新颖，操作上更加规范。栏目设计与编者主编的教育部"十二五"规划教材《现代推销技术》第二版完美搭配，不仅方便教师教学，还方便学生学习，提高教材的实用性和适用性。

3. 技能综合实训项目与企业无缝对接

推销实训的最终目的是力争学生毕业后可以"零距离"上岗，可以快速融入企业的销售团队，因此本书的技能实训项目来自于本土企业的第一线，将企业训练新入职员工的任务纳入本书中，部分项目采集于企业现实的培训素材，使训练项目更贴近企业。

4. 增加职业道德、心理训练项目

只有理论与实际相结合，职业道德与销售技能并重，才能让学生从校门快速进入企业大门，做一名德才兼备的企业储备干部，早日成为企业的中流砥柱，为此本书增加了很多职业道德及职业心理训练项目，凸显教材实用性。

本书是一本集体合作的科研成果，全书由丽水职业技术学院田春来副教授担任主编；三峡大学经济管理学院硕士研究生詹天鸣担任第一副主编；菏泽职业学院赫惠新担任第二副主编；新疆农业职业技术学院冉娟担任第三副主编。田春来和冉娟共同拟定了全书框架和体例要求，其中詹天鸣编写了知识精讲篇和习题测试篇中的项目一和项目二；赫惠新编写了知识精讲篇和习题测试篇的项目三至项目五；冉娟编写了知识精讲篇和习题测试篇中的项目六至项目八，其余编写任务由田春来完成。

  本教材在编写过程中大量借鉴了网上资料和参考了部分优秀教材，在此一并向作者表示衷心感谢。尽管历经三年多的时间摸索和尝试，但是由于作者水平有限，书中难免出现疏漏和不足之处，肯请使用本教材的师生和读者及时向作者提出宝贵意见（邮箱29897815@qq.com），以便下次改版时能更加完善。

编 者

目 录

知识精讲篇

项目一	认识推销	（3）
项目二	储备推销素养	（11）
项目三	寻找识别顾客	（20）
项目四	接近顾客	（26）
项目五	推销洽谈	（29）
项目六	门店推销	（35）
项目七	电话推销	（39）
项目八	处理顾客异议	（44）
项目九	推销成交	（50）
项目十	推销人员职业规划	（55）

习题测试篇

项目一	认识推销	（65）
项目二	储备推销素养	（68）
项目三	寻找识别顾客	（72）
项目四	接近顾客	（76）
项目五	推销洽谈	（80）
项目六	门店推销	（89）

项目七　电话推销 ………………………………………………………（93）
项目八　处理顾客异议 …………………………………………………（96）
项目九　推销成交 ………………………………………………………（99）
项目十　推销人员职业规划 ……………………………………………（104）

技能训练篇

项目一　推销人员基本功训练 …………………………………………（113）
项目二　推销礼仪训练 …………………………………………………（122）
项目三　企业认知训练 …………………………………………………（128）
项目四　寻找顾客训练 …………………………………………………（136）
项目五　接近顾客训练 …………………………………………………（143）
项目六　推销洽谈训练 …………………………………………………（150）
项目七　门店（摆摊）推销训练 ………………………………………（157）
项目八　顾客异议处理训练 ……………………………………………（161）
项目九　商品促成训练 …………………………………………………（166）
项目十　推销人员管理训练 ……………………………………………（171）
附录1 ……………………………………………………………………（181）
附录2 ……………………………………………………………………（196）
附录3 ……………………………………………………………………（197）
参考文献 …………………………………………………………………（205）

知识精讲篇

项目一

认识推销

知识目标

1. 掌握推销的内涵
2. 理解推销的原则与过程
3. 掌握推销方格类型
4. 灵活运用推销的模式

能力目标

1. 提高沟通能力
2. 培养观察能力
3. 具备顾客分类能力
4. 揣摩顾客需求能力
5. 具备初步推销能力

知识储备

一、推销的内涵

1. 推销的定义

推+销=推销,即在外力的作用下(推),使产品销售出去。在特定的场合或特定的环境下,通过推销人员的主动性介绍、宣传、推荐,使消费者从被动型倾听、提出拒绝,最终过渡到愿意接受,从而采取购买决策的整个过程。

广义上的推销:是指一个活动主体,试图通过某种方式和技巧,向特定对象进行的某种游说、劝说的行为,使之接受自己的意愿、观念、要求等,最终双方达成共识的整个过程。在我们的日常生活中处处充满着推销,如学生要求老师少留点课堂作业;父母要求孩子少吃点零食;员工要求老板给增加工资;动物保护组织通过公益广告号召人类少食鱼翅以拯救濒临绝迹的鲨鱼等。

狭义上的推销：是指推销人员通过找寻顾客，向其主动性推荐某一特定产品、服务，在这一过程中，推销人员充分利用各种推销技巧及方法，化解顾客的购买异议，最终使顾客接受该产品或服务。狭义上的推销与物质利益相关联，一般特指货币性等价交换，即产品的推销。

2. 如何正确理解推销

要正确理解推销的含义可以从三个方面剖析。

1）产品推销是一个复杂的行为过程（图1.1），追求的是"共赢"。

在这个过程中，推销人员和顾客是活动的两个主体，推销人员完成销售任务、顾客得到某种利益，买卖公平，双方都有收获，和气生财。

图 1.1　推销的六个流程模块

2）推销行为的核心在于满足顾客的欲望和需求。

虽然推销以推销人员主动性介绍、推荐产品为前提，但是顾客之所以被说服，愿意做出购买行为的核心是该产品在某种程度上满足了自身的需求或欲望，并不是单纯的因"推"而买。

3）在推销过程中，推销人员要运用一定的方法和技巧。

推销是一门科学，也是一门艺术，推销人员要想获得成功，必须掌握好推销的火候，如何寻找顾客，如何和顾客搭讪，如何有效化解顾客的异议，只有运用自如了，才能达到销售的最终目的。

二、推销活动的特点

既然推销是一项专门的艺术，那就需要推销人员巧妙地融知识、天赋和才干于一身，无论直接推销还是间接推销，在推销过程中都需要推销人员灵活运用各种推销技巧。推销活动的主要特点如下。

1. 特定性

推销是企业在特定的市场环境中为特定的产品寻找买主的商业活动，必须先确定谁是需要特定产品的潜在顾客即寻找好目标客户群，然后再有针对性地向推销对象进行推荐产品、说服购买。推销总是有特定对象的。任何一位推销人员的每一次推销活动，都具有这种特定性。

2. 双向性

推销并非只是由推销人员向推销对象传递信息、游说购买的过程，而是信息反馈、拒绝购买的双向沟通过程。推销人员一方面向顾客推荐产品、提供售后服务等方面的信息，另一方面必须留意观察顾客对信息的反应，探求顾客的真实需求，搜集顾客对产品的意见与要求，并及时反馈给企业相关部门，为企业管理层做出正确的经营决策和产品改进提供参考。所以，推销是一个信息双向沟通的过程。

3. 互利性

推销是一种互惠互利的双赢活动，必须同时满足推销主体和推销对象双方的特殊要求。成功的推销需要买方和卖方都有积极性互动，其结果是达到双方的"共赢"，不仅推销的一方卖出产品，完成了销售任务，而且推销对象也购买到合适的产品满足了自身的需求，给自己带来了某方面的利益。

4. 灵活性

尽管推销活动都是因推销人员的主动性工作因"推"而销，但市场环境的变动性和推销对象的特殊性都决定了每一次推销活动都是不尽相同的，推销人员必须灵活运用推销原理和技巧，揣摩好顾客的心理，巧妙地探询顾客的需求，恰当地调整推销策略和方法。可以说，见机行事、灵活自如的战略战术，是推销活动的一个显著特征。

5. 说服性

推销的主角是人不是物，说服是推销的唯一手段，也是推销活动的核心体现。为了得到顾客的信任，让顾客从被动到主动地接受被推荐的产品，最终采取购买行为，推销人员必须将产品的功能和优点，耐心详细地向顾客做宣传、介绍，以促使顾客采纳推销人员的观点、意见，从而接受产品或劳务。

三、推销的三要素

企业的推销活动是一个复杂的过程，它离不开推销主体、推销客体、推销对象，推销人员、顾客、推销产品构成了推销活动的三要素（图1.2）。

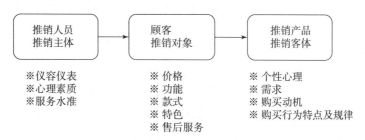

图 1.2　推销活动的三要素

1. 推销人员

推销人员是在整个推销活动当中表现最积极、最主动的推销主体，在推销活动的三要素中，推销人员是最关键的，是整个推销活动中的主角，是产品销售过程中最积极的领军人物。

2. 推销产品

推销产品是推销活动过程中有形和无形产品的统称，它既可以是一件看得见、摸得着的产品，也可以是肉眼无法体现的一种服务。推销产品是整个推销活动的客体。

3. 顾客

顾客是指推销活动中，被动型被推销人员介绍的对象。顾客可以划分为个人购买者（个人顾客）和组织购买者（集团顾客）两种形式。个人购买者主要是为自己本身或家庭成员购买产品，而组织购买者是为企业或单位某种特定用途的需要而购买产品。推销对象的不同，应该采取的推销策略也不尽相同。

四、推销方格

推销方格（Sales Grid）是美国管理学家布莱克（R. R. Black）教授和蒙顿（J. S. Monton）教授，于1970年在其著名的管理方格理论（Managerial Grid）研究的基础上提出来的，他们认为在推销活动中，推销人员要考虑顾客的购买动机、心理过程、个性特征，还要注意自己的心理卫生及个人行为对顾客的影响，这其中包含了推销方格和顾客方格。用横坐标表示推销人员对购买任务的关心程度，用纵坐标表示推销人员对顾客的关心程度，以下重点分析五种类型的推销方格：

1. 事不关己型

第一种推销心态是推销方格图中的（1，1）型，称为事不关己型（Take-it or Leave-it），又称为"无所谓型"，处于这种推销心态的推销人员既不关心自己的推销任务，也不去关心顾客的需求和利益。

2. 顾客导向型

第二种推销心态是推销方格图中的（1，9）型，称为顾客导向型（People-oriented），处于这种推销心态的推销人员只是非常重视与顾客的关系，而不关心自己的推销任务，更不会关心企业的经济利益。

3. 强硬推销型

第三种推销心态是推销方格图中的（9，1）型，称为强买强卖型、强力推销型、强销导向型。这种推销心态的推销人员具有很强烈的成功欲望。他们只关心推销效果，而不考虑顾客的真实需要和利益。他们千方百计地说服顾客购买，甚至不择手段地强行将产品推销出去，根本不考虑顾客的切身利益。

4. 推销技术型

第四种推销心态是推销方格图中的（5，5）型，称为推销技术型（Sales Technique-oriented），又称为干练型。这种推销心态的推销人员两头都兼顾，他们对推销任务和顾客的关心程度基本持平。他们从业绩上考虑到推销任务的实现，但又不是非常强调任务的重要性，从主观思想上关心顾客，但又不太看重和顾客关系的维护，他们注意两者在一定条件下的充分结合。

5. 解决问题型

第五种推销心态是推销方格图中的（9，9）型，称为解决问题型（Problem Solving-oriented），又可称为满足需求型、完美型。这种心态是最理想的推销心态，推销人员投入大量精力用于研究推销技巧，关心推销效果，又最大限度地解决顾客困难，注意开发顾客潜在需求和满足顾客需要，将推销任务与顾客需求两者紧密结合，使产品交换关系与人际关系有机地融为一体。

五、顾客方格

用横坐标表示顾客对购买任务的关心程度，用纵坐标表示顾客对推销人员的关心程度；坐标值均由1开始，到9结束，坐标值越大，表示顾客对其关心的程度越高。以下重点分析五种典型的顾客购买心态类型。

1. 漠不关心型

顾客的第一种购买心态是顾客方格图中的（1，1）型，称为漠不关心型（Couldn't-careless），又称为无所谓型。处于这种购买心态的顾客对上述两个目标的关注程度都非常低，既不关注自己与推销人员的关系，也不关注自己的购买行为和结果。

2. 软心肠型

顾客的第二种购买心态是顾客方格图中的（1，9）型，称为软心肠型（Pushover）。处于这种购买心态的顾客对推销人员以及对与推销人员建立良好关系极为关心，他们非常同情推销人员，相反对于自身的购买行为却不太关心。

3. 防卫型

顾客的第三种购买心态是顾客方格图中的（9，1）型，称为防卫型（Defensive Purchaser）。他们对购买产品的利益极其关心，只考虑如何更好地完成自己的购买任务，而对推销人员的态度非常冷淡，甚至充满敌对情绪。

4. 干练型

顾客的第四种购买心态是顾客方格图中的（5，5）型，称为干练型（Reputation Buyer），也称客观公正型，处于这种购买心态的顾客对推销人员及自己的购买活动都保持着适度的关心，购买时保持冷静的态度、清醒的头脑。

5. 寻求答案型

顾客的第五种购买心态是顾客方格图中的（9，9）型，称为寻求答案型（Solution Purchaser），也称购买专家型。处于这种购买心态的顾客不仅高度关心自己的购买行为，而且高度关心推销人员的工作，他们被认为是最成熟的顾客。

六、推销模式

1. 爱达模式

根据消费心理学研究表明，顾客在接受推荐时，通常可以分四个阶段，即引起注意（Attention）、产生兴趣（Interest）、激起欲望（Desire）、做出购买行动（Action）。注意、兴趣、欲望、行动四个单词英文缩写为AIDA，中文音译为"爱达"。爱达模式（AIDA模式）是国际推销协会名誉会长、欧洲市场及推销咨询协会名誉会长、著名推销专家海因兹·姆·戈德曼于1958年在其所著的《推销技巧——怎样赢得顾客》一书中根据消费心理学研究，首次总结出来的一种推销模式，他把成功的推销活动概括为四个步骤：引起顾客的注意、使顾客产生兴趣、激起顾客的购买欲望、让顾客做出购买行动。

（1）A——Attention：注意

引起顾客注意是指推销人员通过推销活动，想方设法地刺激顾客视觉、听觉、嗅觉、味觉等感官，引起顾客的充分注意，将顾客的注意力吸引到自己所推销的产品上，关注到自己所说的每一句话和每一个动作细节上。通常人们的购买行为因注意才喜欢，喜欢才愿意购买。吸引顾客注意力的方法有：刺激视觉的如形象吸引法、表演吸引法、动作吸引法等；刺激听觉的如语言口才法、声响吸引法、现场广告吸引法等；刺激嗅觉、味觉的如现场试吃法、烹饪演示法等。推销人员应根据情境、推销对象的不同而灵活地采用不同刺激方法。

（2）I——Interest：兴趣

使顾客产生兴趣是指在顾客对推销活动及推销产品注意的基础上，进一步诱发顾客对推销产品产生积极态度。兴趣与注意紧密相关，没有注意，肯定产生不了兴趣。兴趣因注意而产生，反过来又可进一步强化注意，因此兴趣在推销过程中起着承上启下的作用，兴趣是注意的进一步发展，也是产生欲望的前提。如果有条件的话，应尽量让顾客亲自体验推销产品的优点和好处，让顾客瞧一瞧，摸一摸，坐一坐（如沙发、床），以此来唤起顾客的购买兴趣。

(3) D——Desire：欲望

激发顾客的购买欲望是指推销人员通过推销活动的进行，在唤起顾客对推销产品的兴趣后使顾客体会到该产品给自己带来的某种特定利益而产生对推销产品强烈拥有的愿望，从而产生购买欲望。

在推销过程中，激发顾客的购买欲望可通过三个步骤来完成：首先提出推销建议；观察顾客的表情，识别顾客异议；其次有针对性地进行辨析论证，化解顾客异议，多方诱导顾客的购买欲望；最后达成交易。激发顾客购买欲望的方法主要有：推销效用法、美景描绘法、联想提示法、多方证实法等。

(4) A——Action：行动

成交是爱达模式的最后一个步骤，也是全部推销过程和推销努力的关键。在通常情况下，顾客即使对推销产品产生了浓厚的兴趣，也强烈地激发了顾客的购买欲望，但是顾客却因为资金、决策权、时间等因素而犹豫不决，这个时候就需要推销人员给顾客助力，进一步说服顾客，帮助顾客强化购买动机，落袋为安。

2. 迪伯达模式

迪伯达模式（DIPADA 模式）是英文字母 DIPADA 的中文音译词，它是由发现（Definition）、结合（Identification）、证明（Proof）、接受（Acceptance）、欲望（Desire）、行动（Action）六个单词的首字母组成的，在这个模式中将整个推销过程划分为六个阶段。该模式是由海因兹·姆·戈德曼根据自身推销经验总结出来的一种行之有效的推销模式，被誉为现代推销法则。

(1) D——Definition：发现

准确地发现顾客的需求与愿望是迪伯达模式的首要任务。在这一阶段，推销人员应对顾客心理进行科学分析，不要急于向顾客介绍推销的产品，而应通过委婉询问、观察等方式，帮助顾客确定其需要解决的问题，准确地发现顾客的需要，找出实现销售的突破口。发现顾客需求的方法主要有：市场调研法、建立信息网络、洽谈询问法、现场观察法等。

(2) I——Identification：结合

在准确发现顾客需要后，选择特定的产品向顾客加以介绍，该特定产品要紧密结合顾客的需要。在这个阶段，推销人员要注意提示购买产品的利益，使产品的内在功效外显，以满足顾客需求。推销人员常用的客户需求与推销产品结合的方法有：语音结合法、行为结合法、信息结合法等。

(3) P——Proof：证明

推销人员对自己所推销的产品再次向客户进行介绍、展示、说明时，要证实所推销的产品刚好符合客户的需要与愿望，以增加顾客对产品的关注和认同度，为顾客做出购买行为奠定基础。在这一阶段，推销人员应拿出充分的证据向顾客证明自己的言论有充分的事实依据。提供的证据包括：人证——权威专家、名人、老顾客等的说法；物证——权威的认证证书、检测报告、报纸杂志报道、网站媒体报道等；例证——疗效证明、前后使用效果对比等。

(4) A——Acceptance：接受

推销人员在接受其产品之后，便完成了顾客对产品认知的心理过程，但顾客对产品仅停留在认知层面，并不能立刻产生购买行为，因此推销人员必须拿出充分的、必要的、真实的证据让顾客进一步认同选择该产品是符合其需要的，购买该产品是明智的，以促使顾客心里接受所推销的产品。促使顾客接受的方法主要有：顾客试用促使法、诱导促使法、询问法、检查促使法等。

(5) D——Desire：欲望

在推销过程中，当顾客在思想上接受了推销产品之后，推销人员还必须让顾客清醒地认识到：只有购买到该产品才能满足其自身需要，因此推销人员必须及时激发顾客的购买欲望，利用各种刺激使顾客对该产品产生强烈的拥有愿望。

(6) A——Action：行动

欲望与实现购买，还有一步之遥，如何促使顾客采取购买行动，这是迪伯达模式的最后一个阶段，它要求推销人员能够准确识别顾客的购买信号，促成顾客完成购买决定。这个阶段同爱达模式的第四个阶段是相同的。

3. 费比模式

费比模式（FABE 模式）是英文单词 FABE 的中文音译词，它是由特征（Feature）、优点（Advantage）、利益（Benefit）、证据（Evidence）四个单词的首字母组成的，是由美国奥克拉荷大学企业管理博士、中国台湾中兴大学商学院院长郭昆漠总结出来的。

(1) F——Feature：特征

描述产品特征。费比模式要求推销人员在见到顾客后，要准确地介绍产品的性能、构造等特征，尤其针对属性，列出其具有明显优势等特点。推销人员为了搜集有关产品特征的信息，要深刻发掘自身潜质，努力寻找其他推销人员忽视的、未发掘的产品优势，来恰到好处地凸显自己。销售人员主要采用的方法有：阅读报纸和专业书籍法、询问专家法、亲自试用法等。

(2) A——Advantage：优点

分析产品优势。针对顾客不同，介绍产品的优点略有区别，推销人员应针对在第一步骤中介绍的特征，有针对性地列出产品优势，特别是与竞争者相比的优势所在，如：经久耐用、美观时尚、彰显身份地位、方便便捷等，突出强调异质性，以和其他产品具有明显的差异性。

(3) B——Benefit：利益

挖掘产品利益。这是费比模式中最重要的一个步骤。顾客接受的不单单是产品本身，而是通过购买产品，享受到了哪些好处、利益，满足顾客需要，才是推销的动力。推销人员应当详尽说明产品所能带给顾客的利益，一切以顾客利益为中心，通过强调利益，激发顾客购买产品的决心。

(4) E——Evidence：证据

提供说服证据。顾客在接受推销产品的时候大多是非常理智的，无论怎么样的描述，他都会产生这样或那样的质疑，为了消除顾客的这种疑虑，这就需要推销人员提供真实可靠的证据，如，技术报告、顾客来信、质量认证证书、检测报告、获奖证书、专利证书等。

3. 埃德帕模式

埃德帕模式（IDEPA 模式）是迪伯达模式的简化形式，相比后者而言，前者更适用于有着比较明确的购买意图和目标的顾客。埃德帕模式专门向零售商推销，其英文缩写为IDEPA。该模式包括五个阶段，分别用这五个英文字母来表达：

第一步，结合（Identification）——把推销产品与顾客的愿望结合起来。

推销人员通过察言观色、询问等方式准确地发现顾客的需求。在此基础上，运用恰当的方法，从专业的角度为顾客提供购买建议，直接推荐符合顾客心理期望的产品，即把所推销的产品和顾客的愿望结合起来。

第二步，展示（Demonstration）——向顾客示范符合其愿望的产品。

在向顾客示范合适的产品时，要针对顾客的具体购买需求精心地进行展示或演示，要通过询问确保顾客理解产品所示范的每一项功能、特效和优势。推销人员应根据顾客需求示范2~3 种产品，并在产品的展示、示范中了解顾客的具体购买需求，而且示范前要作好巧妙的设计。

第三步，淘汰（Elimination）——将不合适的产品淘汰。

尽管推销人员向顾客展示多种产品，但实质上顾客只倾向于购买其中的一件，推销人员应将选择权留给顾客，帮顾客主动淘汰其他产品，满足顾客的尊重感。

第四步，证实（Proof）——顾客的选择是正确的。

当产品淘汰后，剩下的就是顾客比较偏爱的了，推销人员要通过一些证明、证据来证实顾客的选择是睿智的，让顾客觉得他（她）很"识货"。

第五步，接受（Acceptance）——促使顾客接受产品（做出购买决定）

经过了一番选择、筛选后，顾客已经相信了产品的质量和功能，推销人员要在尽量解决顾客对产品的价格、运输、售后服务等方面的顾虑后，主动示意顾客做出购买行为，从而顺利成交。

项目二

储备推销素养

知识目标

1. 掌握推销职业道德
2. 理解推销人员内涵能力要求
3. 明确推销礼仪的基本要求
4. 认知礼仪在推销过程中所起的作用

能力目标

1. 提高领悟能力
2. 培养观察能力
3. 具备岗前认知能力
4. 具备体态礼仪、送访礼仪、服饰礼仪、交谈礼仪的能力

知识储备

一、推销人员的职责

1. 促进产品销售，开拓市场

推销人员的首要职责就是要销售企业的产品，完成企业规定的销售任务。正如教师的第一职责是传道授业解惑，医生的第一职责是治病救人，推销人员的最基本职责就是将产品推销出去，否则服务态度再好也会失去意义。

2. 搜集情报，服务企业决策

推销人员对产品的市场销售现状最具有发言权，他们直接走向市场、接触顾客，是企业最合格、最尽职的市场调研员。推销人员是搭建企业和顾客之间的桥梁和纽带，在拜访顾客的过程中，推销人员在及时地向顾客准确地介绍、推荐产品的同时，也要及时搜集顾客对产品的反馈信息，了解顾客对产品的评价，记录顾客对产品使用的心得，探询顾客对产品功

能、特点的新需求，随时关注市场对产品的认同，捕捉市场的信息，为企业的经营决策和产品的研发部门提供系统性数据。

推销人员搜集的信息主要可分三类：采集顾客反馈的信息；收集竞争者企业的信息；挖掘来自媒体大众的信息。

3. 维护客户关系，服务于顾客

产品其实是一个整体概念，它包括核心层、形式层、附加层三部分，而附加层就包括了服务、包装、顾客咨询等内容，因此在推销过程中，顾客购买到的不单纯是产品，还有推销人员的服务内容，推销的本质就是服务顾客，对某类产品而言，没有服务就没有购买。

4. 树立企业良好形象

推销人员推销产品的过程，也是顾客了解、认识生产企业的过程，推销人员在介绍产品的同时必然会连带介绍自己的企业，顾客只有接纳推销人员、认可产品才能认同企业。顾客是连接顾客和企业之间的桥梁，也是企业的一面镜子，推销人员仪表堂堂，谈吐流利，服务态度端正，推销礼仪规范，就会获得顾客的好感，顾客就默认为生产企业优秀，增强购买产品的信心，否则就会排斥企业。

5. 回笼货款

推销部门是企业的资金血液的更新池，如果企业签订了合同，但货款或尾款不能及时到位，企业必然面临着生存危机，因此推销人员不单纯要销售产品，签订合同，还要确保货款按时回笼，不要盲目地跑销售，签合同，关键是要确保资金顺利入账，因此确保回笼资金的安全也是推销人员的重要职责。

二、推销人员的职业道德

1. 诚信

诚信就是要求推销人员待人诚实可信，向顾客推荐、介绍产品时要讲究诚信，不刻意隐瞒产品的重大隐患。在市场日益白热化的今天，推销人员能否真诚守信已经日益显得重要，能否真诚地对待顾客，能否符合实际地介绍产品，决定着推销人员推销事业的成败。

2. 务实

推销人员一定要爱岗敬业，工作踏实肯干，全心全力地完成销售任务，以努力为顾客提供周到细致的服务为工作宗旨，对待同事要虚心，对待顾客要关心，对待工作要尽心，对待任务要有信心。

3. 尽责

所谓尽责，是指推销人员无论是对待推销任务还是对待顾客都要负责。对待推销任务，推销人员要有责任心、工作使命感，完成自己的岗位职责；对待顾客，推销人员要对自己的推销行为及推销结果负责，不要抱着"钱货两清，售出产品概不负责"的想法，顾客是上帝，是推销人员的衣食父母，没有顾客的购买就没有推销人员的收入，因此要尽心尽力为顾客服务，让顾客免除后顾之忧。

4. 奉献

推销貌似简单的工作，似乎任何人都可以推销产品，其实不尽然，这需要推销人员有奉献精神，要把全部的心血投入到推销工作中去，仔细研读顾客心理，恰到好处地向顾客介绍产品，始终围绕着顾客的需求延续推销工作。

5. 仁慈之心

推销人员的工作每天与人打交道,在人与人的交往之中难免会有一些摩擦,比如顾客的误会、埋怨,比如同事之间的猜疑、诋毁,对此推销人员要保持宽容的心态,不能斤斤计较;对待任何有需要帮助的人,推销人员应该提供力所能及的帮助。

三、推销人员应具备的素质

通常来说,做一名合格的推销人员至少应具有四方面的素质:

1. 思想素质

(1) 优秀的道德品质。

推销工作是一项对外塑造企业形象、对内创建个人声誉的事业。它要求从业人员必须具有优秀的道德品质,诚实可信、克己奉公的工作态度。道德品质是评价企业推销人员是否合格的依据。推销人员良好的道德品质主要体现在两个方面:一是忠诚服务于企业;二是真诚服务于顾客。忠诚服务于企业应该是最基本的要求,要做到全心全意地为企业服务,在服务过程中不藏私心,不假公济私,不中饱私囊、不克扣公司财务,不搭顺风车等。真诚即真情与诚实,真诚服务于顾客体现五心:爱心、诚心、热心、耐心、信心。

(2) 严谨、尽职的工作态度。

推销工作是一项艰巨而又高尚的职业,推销人员在为顾客提供优质服务的同时,也实现其人生奋斗价值。现代推销人员的首要职责是实现订单,完成企业规定的推销任务。如果推销人员缺乏严谨的、尽职的工作态度,要想获得订单、实现销售任务就成了一句空话。

(3) 具备强烈的推销意识。

所谓推销意识,就是一种全员顾客的推销意识,不放过身边任何的一个可以成交的机会,见到任何顾客都敢于推销产品并主动要求其购买。推销人员要有一股勇于进取、积极向上的拼劲,要有不达目的誓不罢休的精神、要有克服困难百折不挠的毅力。

推销人员要做到不怕夏日炎炎,不怕三九寒风刺骨,发扬"五千精神",过千山万水,进千家万户,想千方百计,讲千言万语,尝千辛万苦,以达到开拓市场的目的。

(4) 勇往直前的进取精神。

推销是一份艰辛而压力重重的职业,在工作中需要克服许多困难,承受很多压力,有许多严峻的问题需要去面对并解决,这就要求推销人员必须具有强烈的事业心和顽强的拼搏意志。成功的推销人员之所以能够成功是因为他们具有追求成功的迫切愿望,"不经历风雨怎么见彩虹",推销人员要想取得成功,必须忍辱负重和坚韧不拔,推销人员热爱自己的本职工作,就要树立好良好的心态。

2. 业务素质

(1) 熟悉企业知识。

推销人员只有熟悉企业知识,才能认同企业文化,才能卖好产品。当一个推销人员走上新的岗位,他必然要对自己所服务的企业有全面的认识,了解企业的经营宗旨、生产规模、经营范围、具备哪些优势、在业界占有什么席位,因为这些也是顾客最想知道的事实,推销人员是企业产品销售的中坚力量,是企业资金循环的"功臣",而顾客要想接纳产品,必须提前接纳推销人员及其所在的企业。

（2）认知产品知识。

顾客在采纳推销建议之前，必然要设法了解产品的特征、使用方法，认同产品的功能，以降低自身购买的风险。通常，功能越高级、性能越优越、价值越昂贵的产品，顾客购买的风险就越大，因此顾客的疑问就越多，需要推销人员解释的就越具体而全面。

（3）了解竞争产品。

"知己知彼百战百胜"，在市场竞争日益激烈的今天，推销产品的替代品、仿制品、竞争品随处可见，因此推销人员除了掌握本企业和产品相关知识外，还要及时了解市场竞争的现状、辨析竞争者的态势、分析自家产品与竞争品的最大优势与劣势、掌握类似产品的同质性和异质性内容，当顾客进行产品对比时，可更好地凸显自家产品的竞争优势，便于顾客认同，从而采纳推荐。

（4）掌握推销技能。

掌握推销学专业知识，是为了更好地寻找自己的推销对象，熟悉推销环境。推销人员掌握消费心理学相关知识，可更透彻地了解顾客购买动机、顾客消费心理变化，以便更好地接近、化解顾客异议，从而顺利达成交易。

（5）了解相关法律知识。

推销人员在推销活动中要遵纪守法、照章办事，按法律的要求规范自己的行为，切不可以无知而践踏法律的尊严。推销人员代表企业还可能要与对方签订购销合同，合同内容是否规范涉及资金的回笼安全，因此推销人员还要掌握合同法等知识。纵观现实推销活动，推销人员应掌握的法律主要有：反不正当竞争法、反垄断法、消费者权益保护法、产品质量法、广告法等。

（6）掌握社会知识。

世界人际关系专家卡耐基说："一个人的成功来自85%的人脉关系，15%的专业知识。"优秀的推销人员应重视与人相处的技巧，推销人员应当掌握社会交往中应遵循的社交常识、商务礼仪、人际沟通等知识，只有与人交往才能达成自己的目标。

3. 身体素质

"身体是革命的本钱"，推销人员要具备健康的身体，这是企业录用推销人员的基本要求。推销是个耗费体力的工作，或者是陌生拜访、拜见客户，或者是耐心、周到、细致地给顾客答疑解惑，或者是包装产品、整理柜台、搬运货物，所有的这些都需要推销人员拥有健康的体魄。

4. 过硬的心理素质

推销工作的性质具有不可预知性、不确定性，因此拒绝和"谩骂"简直就是家常便饭，甚至还要接受个别顾客语言上、神态上的"肆意摧残"。推销人员要想成功地应对各种各样的顾客，必然要练就"百毒不侵"的心态，做到"任凭风吹浪打，胜似闲庭信步"。过硬的心理素质是推销人员成功的前提。拒绝是推销人员的家常便饭，拒绝又是推销成功的转折点。推销是最容易遭遇挫折的职业，在市场竞争激烈的环境中，推销人员若没有良好的心理素质，无论其他各方面的条件多么的好，也难以完成销售任务。

四、推销人员具备的能力

1. 良好的沟通能力

推销过程也是买卖双方情感沟通的过程，只有与顾客进行有效的沟通，方能成功说服顾客,接受推荐的产品,从而促使顾客做出购买行为,这就需要推销人员具备以下几方面的能力。

(1) 娴熟的语言表达能力。

语言是人类交流思想的媒介,是最重要的交际工具,推销人员每天就是用语言和顾客进行沟通,或者是传递产品信息,或者是描绘产品给顾客带来的利益,语言是否生动、贴切直接影响着顾客接收产品信息的质量,富有生命力的语言就会让顾客有怦然心动之感,快速地实现交易,由此可见提高语言表达能力的重要性。语言表达有口头语言表达和肢体语言表达两个方面:

①准确的口头语言表达。口头语言表达要做到准确、清晰,用词得当。推销人员要注意礼貌用语,语言表达因人而异,对家庭主妇、谈吐比较粗鲁的顾客,运用简洁明了、通俗易懂的语言便于对方听明白;对于讲话斯文、戴眼镜的顾客尽量使用一些文雅得体的语言相对来说效果会好;如果对方已经表明是专业人士,则用专业术语交谈更容易拉近与顾客的距离。

②辨认肢体语言表达。肢体语言又称身体语言,是指通过头部、眼睛、颈部、手指等人体部位的协调活动来传达人物的思想,形象地借以表情达意的一种沟通方式。如摇头表示否定、皱起眉头表示无奈、晃动脖子表示无所谓等。

(2) 提高倾听能力。

推销活动是双向交流过程,这就意味着推销人员不单纯要会说,还要学会聆听,认真听取顾客的真实想法,只有先听明白了才能针对性地回答。推销人员最愚笨的做法就是见到顾客拼命地宣传产品,为防止顾客反驳,只要顾客刚张口就卖力地解释,弄得自己很累,却不能促成有效的成交,得不偿失。

2. 敏锐的判断能力

推销人员要养成敏锐的判断能力,不仅能巧妙识别真正买货的人,而且要通过听音辨音找出购买决策之人,借以扫除购买的阻碍,促成交易的实现。合格的推销员从视线上也大体可以判读顾客购买的意愿,有购买欲望的顾客视线从发射到集中,会关注某类他喜欢的产品;漫无目的的顾客却喜欢眼光扫视,视线基本上始终都处于发散状态。

3. 较强的社交公关能力

"多个朋友多条路",因此推销人员必须要不断地交朋识友,这样才能保证自己的推销路越走越宽。推销人员第一次来到一个陌生环境,不要指望着谁能主动帮你打开尴尬的局面,你完全有能力、有义务让陌生的群体接受你,用你较强的社交公关能力和众人打成一片,初次相逢是陌生,再次相逢就是朋友,相反打怵、害羞、沉默寡言就是社交的绊脚石。

4. 创新能力

推销工作是一项极富挑战性的工作,顾客是不断变化的,产品也随时会更新换代,因此每一次的推销过程都可能是千差万别的,即使相同年龄、相同性别的顾客选择商品时也会有非常大的差异,对于推销过程中出现的新情况、新问题,推销人员不能墨守成规,需要用创造性的思维解决问题,发挥创新力。

5. 处事不惊的应变能力

处事不惊是指推销人员遇到紧急情况或突发事件,不紧张、不慌乱,要显得淡定自如。"计划没有变化快",推销人员每天在寻找顾客、拜访顾客、洽谈顾客,甚至签订合同时都会发生预料之外的事情，这就需要推销人员必须具备处事不惊的应变能力，对突发事件要想到解决问题的办法，而不是和客户一样瞠目结舌，束手无策。

五、仪表礼仪

1. 仪容礼仪

仪容是人的容貌，主要指推销人员的长相和修饰，是仪表的重要组成部分。爱美之心人皆有之，任何顾客都希望和长相五官端正的推销人员接触，因此推销人员有责任将符合大众审美的仪容展现给顾客。

（1）五官要端正。

我们对推销人员仪容的要求基本上是品貌端正，简单说就是要求推销人员五官端正，即面部五官比例要协调匀称，这是"貌端"的基本前提。通常来说，人的五官位置是有规律的，比例协调的，就是我们常说的"三庭五眼"。"三庭"是指上庭、中庭、下庭。上庭指从额头的发际线到眉线；中庭指从眉线到鼻底线；下庭指从鼻底线到颊底线。这三庭的长度是大致相等的。"五眼"是指从人的正面看左耳孔到右耳孔之间的脸部横向距离正好相当于五只眼睛的宽度。一个人的脸型如果符合这个比例，就显得很匀称；如果不符，就要在化妆时运用一定的技法进行调整和改善。

（2）女士略施粉黛。

一般的企业都要求女推销人员在日常工作中应当化淡妆，俗称"淡妆上岗"。在白天日光下的工作时间，女士在职场场合中应采用不露痕迹的化妆手法化妆，力求表现自然、淳朴。

（3）男士保养皮肤。

作为男推销人员也要注意保养自己的皮肤，保持胡须修正或经常刮胡子；脸上应该擦好护肤霜；唇部龟裂应经常使用无色唇膏。

（4）祛除体味。

男女推销人员都应该使用无刺激性气味的化妆品，否则与顾客接触时，会使顾客造成身体不适，导致推销失败。夏天推销人员更应勤洗澡，身上不能沾有汗味，可以使用淡雅的香水、香体露等化妆品，少数患有腋臭、狐臭疾病的推销人员应做好防范措施，如外用乌洛托品溶液等，一定要保证身体无异味，避免引起顾客反感。

（5）清除口气。

推销人员推销时必然要开口说话，因此推销人员要注意牙齿美白，口中不能带有口气，日常工作时不能吃葱、蒜、韭菜等刺激性食物，应随身携带漱口水和"益达"等口腔清洁用品，展示给顾客清新的味道。

（6）定期洗头。

推销人员的头发也是重要的一环，发型要大众化，不要标新立异，尤其男士不要留长发，也不应理光头，虽然可以漂染，但不应焗成红发、绿发、黄发、白发等怪异颜色，一切以不给顾客带来负面影响为准。推销人员应勤洗头，每天都要保持发型齐整，试想一个头型乱糟糟、身上都是头皮屑的推销员去拜访客户，不失败才怪。

2. 仪表礼仪

所谓仪表，即人的外表，一般来说包括人的容貌、服饰等方面，限于篇幅原因，本书只重点介绍服饰方面礼仪。

（1）着装原则。

推销人员着装应符合 TOP 原则，即时间、场合、个性三原则。TOP 是英文 Time，object，place 三个单词首字母的缩写。T 代表时间、季节；O 代表个体、对象。P 代表地点、场合；TOP 原则要求人们的服饰应力求应时、应景、应人，体现和谐之美。

①应时。即要求推销人员的着装应与时代相符，应与季节相符。

②应景。即要求推销人员的着装要适应所处的环境情景，不要显得另类。

③应人。"服装之美在于适体"，即要求推销人员的着装要适应自己的身份和职位，不要让别人认为你不庄重。

关于 TOP 原则，还有一种解释：TOP 是三个英语单词的缩写，它们分别代表时间（Time）、场合（Occasion）和地点（Place），即着装应该与当时的时间、所处的场合和地点相协调。

（2）饰品佩戴原则。

①宜少不宜多。首饰数量不宜过多，一般以 1 件或 2 件为主，至多两件比较适宜。

②色泽、质地统一。饰品的色泽与质地尽量相同，饰品的颜色要比较相似，饰品质地选用要么纯金要么纯银，且不可佩戴假首饰，以免被客户误解为爱慕虚荣。

③符合职业身份。佩戴首饰时要符合本人职业，不要突显个性，如个别推销人员佩戴骷髅头的戒指就不符合身份。

④扬长避短。佩戴首饰的目的是使自己更加美观，掩饰个人身体的某些不足，如佩戴细长链状的耳坠可掩饰面部较宽。

六、交谈礼仪

1. 使用文明用语

（1）尊称。

对客户应保持尊敬的态度，以满足对方的自尊，如称呼客人您好；称呼对方公司为贵公司；询问客户姓氏为贵姓；唐突贸然去电话说打扰；请求对方原谅称包涵等。

（2）请字当先。

推销人员央求或请求对方配合的时候，话语前勿忘请字。如"请打开说明书第二页""请喝茶""请签字""请进""您请讲""请查阅""请关门"等。

（3）远离粗话。

个别推销人员口头禅很多，与顾客交谈时，应远离粗话，尽量避免使用让顾客听起来不舒服的语言。

（4）避免方言。

南北习惯不同，地方文化也各有千秋，与顾客交流时为避免引起歧义，建议介绍产品时使用普通话。

2. 适合的语速

推销人员在与客户交流时，要保持适当的语速，让顾客听得明白，听得清楚，推销人员不要只注重说什么，而更应该注重顾客听懂了什么，有的推销人员说话比较迟缓，遇到急性子的顾客就容易产生摩擦，造成推销失败；相反有的推销人员语速比较快，还没等顾客反应过来,就结束了商品介绍,必然也很难保证有好的推销结果。

3. 注意语调和语气

语调简单说就是声调,即我们小学时候学到的一声、二声、三声、四声,对推销人员说话的要求不能像播音员字正腔圆那样严格,但是也应注意语调问题,否则会影响顾客的理解力。语气是表示说话人对某一行为或事情的看法和态度,语气直接影响说话的作用力,推销人员向顾客推荐产品的时候就应该用肯定语气,表明产品确实存在很多优点。

4. 适宜的眼神

眼神是心灵的窗口,反映一个人的内心状态。推销人员在与顾客交谈时应保持坦然、友好、和善的眼神,体现亲和力。推销人员的视线在与顾客接触时还要考虑顾客的年龄和身份,一般情况下,关注顾客的眼光可停放在对方额头区域,以示尊敬;如果是和平级谈话,视线停留在鼻子部三角区域;如果和下级谈话,视线一般停留在对方嘴唇位置为宜。

5. 学会倾听

推销是双向交流过程,推销人员不仅要说还要学会倾听,有的时候倾听比说还重要,如果只是一味地介绍,反而容易失去顾客。倾听顾客讲话时,神情要关注,切不可东张西望。

6. 保持安全距离

推销人员必然要去拜访顾客或直接面对顾客销售,此时要注意保持适宜的距离,以免给顾客造成心理障碍,影响推销活动。美国著名学者邓肯说过,1.2米是人与人之间的安全距离。

那么推销人员如何在公共场所应保持适宜的礼仪距离呢?

(1)亲密距离(0~44厘米)适用于关系亲密的双方,如夫妻、恋人、父母与子女之间。

(2)私交距离(44~120厘米)适用于朋友、熟人或亲戚之间。

(3)职场距离(120~360厘米)适用于处理非个人事务的场合,如推销产品、拜访顾客。

(4)普通距离(360~750厘米)适用于非正式的聚会,如观看话剧表演等。

七、交往礼仪

1. 迎宾礼仪

推销人员拜访顾客时,一般都有前台接待,或者顾客应邀亲自到公司视察,这就牵涉如何正确地做好迎宾礼仪问题。

①大门等候。对于应邀请而来的顾客,推销人员应该奉为上宾,应该提前5~10分钟在公司门口迎接。

②走楼梯。若所在单位没有电梯,要引导客人上楼梯,应做好请的姿势让客人先上,并告之客人具体楼层,如"办公室在5楼"。让客人先行有两个目的:第一是保持谦卑,不可俯视顾客,以示尊重;第二是防止顾客跌倒,做好保护措施。

③坐电梯。手按好电梯按钮位于电梯外侧,让客人先进,待客人都上齐后,自己再进电梯,出电梯的时候顺序正好相反。

2. 介绍礼仪

介绍是推销人员与顾客进行了解、沟通、增进友谊的一种基本方式,根据介绍者身份的不同可分为自我介绍和介绍他人。

①自我介绍。自我介绍是推销人员表明身份的常见方式。自我介绍应简洁明了、从容自信。通常情况下，推销人员可以先说"您好"，然后报出自己的身份、姓名，如"您好，我是 ABC 销售公司的业务代表张飞红，很高兴认识您"。

②介绍他人。介绍的原则是将级别低的人介绍给级别高的人，将年轻的介绍给年长的，将男士介绍给女士，将未婚的介绍给已婚的，将本单位的介绍给外单位的。介绍他人时，应热情周到，正确的介绍手势为"大拇指张开，四指并拢，手心向上，朝向被介绍者"。如"张小姐，这是宏达公司的孙先生""马伯伯，这是我单位的小李"等。

3. 握手礼仪

握手是社交场合中最常见的礼仪，推销活动中在推销人员与顾客见面或告别时使用。握手时为表示对对方的尊重可稍稍欠身，双眼平视、面带微笑，握手时切不可戴手套（女士网状手套除外），握手时要根据对方的个头体质适当把握握手力度，若握手疲软无力，会被对方认为不够热情，若用力过大，又会被对方误解为粗鲁无礼。

①握手顺序。

遵循"被动原则"，即约访的顾客、上级、长辈、女士未伸手时，推销人员就不再主动伸手，用点头、鞠躬代替；若他们伸出手后，应积极配合。在商务场合中，若对方已经主动伸手，另一方应积极回握，拒绝别人握手是非常不礼貌的行为，若遇到身体特殊原因不能握手的应向对方解释并致歉意。

②握手的方式。

握手应大方地伸出右手，虎口冲上，掌心向左，握手时间为 2~3 秒，稍加用力抖动 2~3 下，眼睛平视对方眼睛，如表示尊敬、崇拜对方，可以用双手握住对方，但不可太矫揉造作，以防对方反感。

4. 名片礼仪

名片是社交场合中介绍自己身份的一种工具，推销人员在与顾客交谈时，得体地递上名片可更好地让对方记住自己，同时也为日后的合作提供便利。

①递送名片。递送名片的通常顺序是级别低的人递送给级别高的人，年幼的递送给年长的，男士递送给女士。若对方先递送名片过来，应双手接过，再递出自己的名片。

②接收名片。接收对方名片时，身体略向前倾，双手去接，接过后应仔细查看，且不可漫不经心地装进口袋，更不要随手把玩或丢弃在桌面上，遇有生僻字应及时向对方请教，以示尊敬、尊重对方。

③索要名片。通常社交场合索要名片是不礼貌的行为，但在商务场合中，若对方忙于说话未主动递送名片给你，作为推销人员可以主动索要，一般对方不会拒绝，双手接过名片时勿忘致谢，若遇到对方没有携带名片或名片发完时，也予以理解。

项目三

寻找识别顾客

知识目标

1. 了解顾客资格审查的内容
2. 掌握顾客的识别和筛选技巧
3. 掌握寻找潜在顾客的方法

能力目标

1. 提高顾客资格审查能力
2. 培养识别辨析准顾客能力
3. 具备寻找顾客能力

知识储备

一、熟悉企业情况

对于顾客来说,购买产品前一定要认清产品的生产厂家,即认可企业。因此,推销人员必须了解其所服务的企业,只有掌握了企业情况才能更好地为顾客服务。推销人员要养成爱岗敬业的好习惯,首先要先爱自己的企业。

1. 企业的发展历程

了解企业的创始和发展历程,可以向顾客传递更有说服力的企业背景资料,这些有关企业的文字介绍可以让顾客更容易了解生产企业的信息。这些资料具体包括企业创立的时间和地点、创始人、注册资本等信息。

2. 企业的组织结构

推销是一个团队集体的活动过程,一般需要生产、发货、运输、配送等多个部门共同配合推销人员向顾客展开推销。因此,推销人员一定要熟悉相关部门的情况以便使自己的推销工作得到对方的帮助,来更好地为顾客服务。

3. 企业的发展规模与业绩

推销人员要了解企业目前的发展规模，了解企业的生产能力和供应能力等指标，知晓企业在行业中所占的市场份额、企业的竞争能力、产品品牌知名度等相关情况。

4. 企业的中长期发展目标

中长期发展目标关系到企业今后的走向，了解企业的未来发展规划，可以让推销人员沿着职业发展规划前行。

5. 企业的企业文化

企业文化是企业组织的基本信息、基本价值观和对企业内外环境的基本看法，是由企业的全体成员共同遵守和信仰的行为规范、价值体系，是指导人们从事工作的哲学观念。推销人员只有认可了企业的企业文化和经营理念，才能在推销活动中让顾客在信同产品的同时，转而信同企业。

6. 企业经营方针

企业经营方针是贯彻企业经营思想和实现企业经营目标的基本途径和指导规范，是针对某一时期企业所面临的重要问题而采取的指导性原则。

7. 企业承担的社会责任

企业生产经营活动，应树立较强的公关意识。企业的社会责任活动能给公众留下深刻的印象，推销人员要熟悉这些情况，并借此影响顾客，进一步促进推销工作。

8. 企业近年来所获得的荣誉

通常来说，消费者都愿意在相同的价位前提下购买知名企业的产品，因此，推销人员了解企业所获得的荣誉，可以及时地给顾客传递积极的信息，大幅增加顾客的购买意愿。

二、熟悉产品

推销人员在熟悉企业后一定要熟悉自己推销的产品，耐心解决顾客提出的疑虑，提高成交效率。一般来说，我们可以从以下几个方面熟悉产品：

1. *产品的属性与功效*

（1）了解产品的属性。

产品属性是指产品本身所固有的性质，是产品在不同领域差异性（不同于其他产品的性质）的集合。也就是说，产品属性是产品性质的集合，是产品差异性的集合。

（2）了解产品的功效。

推销的实质是满足顾客的需求，因此顾客购买任何一件产品都首先要辨析该产品能给他带来哪方面的利益，包括使用的基本利益、经济利益、舒适利益、方便利益，而产品功效是满足顾客最关键的、最核心的利益。作为推销人员要想卖好商品，只有亲自了解产品功效，才能赢得顾客的信任。

2. *产品的保养维护*

推销人员在推销产品的时候，要及时地告知顾客产品保养注意事项，防止顾客错误的保养方式导致产品损坏。推销人员了解的保养知识越多，顾客就会越信同产品，购买欲望也越强烈。

3. *熟悉工序*

工序就是产品的生产流程，简单地说，就是你看到的产品实物是如何一步步地被加工完成的过程。以不锈钢折叠椅为例，加工过程包括以下五道工序：成型—焊接—磨光—抛光—

包装。推销人员还要熟悉产品的工序,这可便于更好地理解产品价格形成,在与顾客商洽时会对产品报价做到心中有数,而在顾客提出产品改进时也会更好地进行沟通。

4. 熟悉产品包装

包装看似简单,但往往问题就出在包装上,因为它比较繁杂。某些物品需要短途或长途运输的时候,就需要和顾客讲清楚。因此,推销人员还要注意产品包装的细节,包装主要分包装物和印刷品两块内容。

三、准顾客

顾客,即推销的对象,通常来说推销人员拥有的顾客越多,就越容易提高销售业绩。准顾客,就是有可能要购买产品的顾客,即具备潜在购买行为的人。

准顾客要至少具备下列三个条件:有购买产品或服务的需要;有充足的支付能力;拥有购买决策权。

四、准顾客的种类

(1) 新拓展的顾客,即从未接触过产品的顾客。一般来说,接触的顾客越多,拓展的准顾客数量就会越大。

(2) 现有顾客,即已经购买过产品的顾客。开发一个新的准顾客所耗费的时间,基本等同于联络五个原有顾客,把握现有顾客对推销人员来说非常重要。

(3) 中断购买的顾客。客户购买产品后没有再继续购买,推销人员要探析他们不再购买本企业产品的原因,并积极地采取对策,使这类中断购买的顾客再次成为自己的准顾客。

五、寻找准顾客的程序(图4-1)

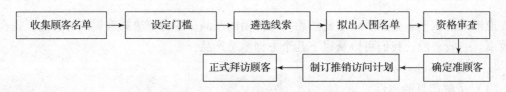

图4-1 寻找准顾客的程序

推销人员首先要根据产品的材质、性能、价格、用途,设定好目标顾客群,设定有可能成为准顾客的门槛。

六、寻找顾客的方法及优缺点(表4-1)

表4-1 顾客寻找法的优缺点一览表

序号	寻找顾客方法	定义	优点	缺点
1	普访寻找法	是指推销人员在任务范围内或设定的区域内,用上门探访的形式,对假想的可能成为准顾客的单位、组织、家庭乃至个人无一遗漏地寻找并确定准顾客的方法	①简捷,易学,适合推销新手,便于推销人员积累经验。 ②应用广泛,较全面反映顾客情况	①盲目性大,费时费力,效果差。 ②易受顾客反感、拒绝,易给推销人员带来精神负担和压力

续表

序号	寻找顾客方法	定义	优点	缺点
2	连锁介绍法	是指推销人员请求已购买产品的顾客介绍今后有可能购买的准客户的方法	①寻找顾客针对性明确,易赢得新顾客信任,成功性高。 ②适用性范围广	①现有顾客介绍新顾客具有不确定性,推销人员易显得被动。 ②获得新顾客名单时,易打乱原有的拜访计划
3	中心开发法	是指推销人员在某一特定推销范围内发展一些具有影响力的中心人物或核心组织先行购买,然后在这些中心人物或核心组织的协助下把其范围内的组织或个人变成准顾客的方法	①依靠中心任务扩大产品影响力。 ②把主要精力专注于中心人物,节省时间和精力	①中心人物难以寻找,且难以接近和说服。 ②有的单位中心人物不一定唯一,易发生摩擦
4	个人观察法	是指推销人员依靠个人的知识、经验,通过对周围环境的直接观察和判断,寻找准顾客的方法	①直接接触顾客,排除中间性干扰。 ②利于提高推销人员的观察、判断能力,使其快速成长	①成功与否完全取决于推销人员个人的经验判断,具有不确定性。 ②由于对顾客几乎陌生,被拒绝的概率较高
5	广告开拓法	是指推销人员利用广告媒介手段寻找准顾客的方法	①广告传播范围广,节省推销人工费用。 ②广告既可寻找顾客又可提高产品影响力,易于顾客接受	①广告费用较高,高质量广告难以制作,又难以实际测定。 ②媒体选择困难,针对性难以把握。 ③受广告法约束,部分产品不能用此法推广
6	委托助手法	是指推销人员委托他人(兼职推销员、信息情报员)寻找准顾客的方法	①节省推销时间、费用,便于推销人员集中精力进行客户拜访。 ②利于开拓新的市场,便于扩大产品的影响力	①难以挑选合适的助手,且会增加推销费用。 ②推销人员业绩受限于助手的合作,易使推销人员失去主动权。 ③有时助手可能会反戈,泄露商业机密或跳开推销人员以获得更大利益
7	资料查找法	是指推销人员通过收集、整理、查阅各种现有的相关文献资料,来寻找准顾客的方法	①省时省力省费,减少推销工作盲目性。 ②简易、便捷、效率高	①资料时效性。 ②资料需要核查、筛选。 ③部分资料难以查找或不全
8	市场咨询法	是指推销人员利用各种专门的行业组织、市场信息咨询服务等部门所提供的信息来寻找准顾客的办法	①节省时间、费用。 ②方便迅捷、信息真实可靠	①工作处于被动地位,易坐失良机。 ②咨询信息具有间接性、时限性、局限性

续表

序号	寻找顾客方法	定义	优点	缺点
9	网络寻找法	是指推销人员利用现代信息技术与互联网来寻找准顾客的方法	①成本低，简单便捷，能及时了解顾客需求。②寻找顾客范围无边界限制	①可信度不高，难以寻找重要资料。②较难引起顾客回应
10	会议寻找法	是指推销人员利用参加各种会议的时机寻找准顾客的方法	①成本低，效率高。②可以有效提升个人影响力	①信息筛选工作量大。②重点顾客的信息难以收集
11	电话寻找法	是指推销人员在获得了准顾客的姓名、电话号码后，用打电话的方式寻找准顾客的方法	①方便迅捷，信息反馈快。②单线联系，不受外人干扰	①信息准确性差，被拒绝可能性大。②顾客警惕性高，很难了解顾客真正需求
12	关系开发法	是指推销人员充分利用与人交往的各种机会，尽量使你的熟人、亲友、同学、校友、邻居等成为你的顾客，使潜在顾客量不断增大	①成本低，速度快。②可信度高，易于顾客接纳	①顾客期望值高，易对产品性价比产生怀疑。②有"杀熟"之嫌，易引起反感

七、顾客资格审查的含义

所谓顾客资格审查，就是指推销人员对已选定的准顾客，按照一定的标准进行细分，以确定其符合目标顾客的过程，又称为"顾客评价"。对顾客资格的审查主要应围绕以下几个方面展开：是否有明确的产品需求；是否有足够的支付能力；是否有购买自主权；是否有资格购买。顾客资格审查包括顾客购买需求的审查、顾客支付能力的审查、顾客购买资格的审查。

八、建立客户档案

建立顾客档案可以为推销人员拜访、接近顾客提供准备资料，便于推销人员牢牢地抓住顾客，为制定推销策略并采用技巧提供铺垫。

1. **收集准顾客资料**

"话不投机半句多"，推销人员拜访顾客时，要投其所好，注意收集对方感兴趣的话题。因此，顾客资料除了要包括顾客的自然情况，如姓名、性别、出生日期、学历、电话、住址、工作单位、职业职务，还要包括其个人信息，如业余爱好、配偶姓名、子女状况等，另外还要了解顾客的需求状况。

2. **顾客档案常用方法**

（1）按顾客姓氏排列。

这样整理的好处是不会遗漏每一个顾客，也不会打乱原来顾客档案的排列顺序，想要查找顾客资料的时候，完全可以像查《新华字典》一样，按照字母排列顺序查找，简单、便捷，但缺点是档案利用率相对较低，不能及时在顾客生日或重要日子时，给顾客发送祝福或提示信息。

（2）按顾客出生日期排列。

按照顾客的出生月份排列，就可以及时了解到哪一天是顾客的生日，推销人员可以把该月份即将过生日的顾客的名单单列出来，就可以顺便做个拜访计划，使自己的推销工作始终有头有序，同时也方便在顾客生日当天发送祝福信息，加强感情交流。

（3）按顾客职业类别排列。

相同职业类别的顾客就会有很多的共同语言，保险营销人员的主要工作就是推荐保单、服务顾客，如果把相似职业的顾客组织起来，他们的交际圈子就会扩展，职业类别相似的顾客就会有更多相同的话题。

（4）按顾客职务高低排列。

任何推销都需要榜样的力量，推销人员按顾客的职务高低排序的好处是，便于借用名人效应，如"您看，张局长都是我的顾客，他对我的服务非常满意，您就放心购买吧"。

（5）按购买金额或数量排列。

按照 80∶20 的原则，将最有限的时间用于对重点顾客的服务上，通常来说重点顾客人群交际面的层次相对来说比一般顾客更广一些，这类顾客的购买能力也略好于普通顾客。

（6）按购买产品的日期排列。

这样整理顾客档案的好处是可以了解顾客的购买时间和购买商品的频率，及时开发和督促他们进行二次购买。

3. 建立顾客数据库

可以利用 Excel 系统，建立顾客数据库，将所有的资料保存在系统中，方便及时查阅。

4. 拜访记录及时整理

推销并非一次拜访就能搞定的事情，因此，推销人员要养成及时整理拜访记录的习惯。和顾客接触时，要对顾客的态度、行为做好登记，如有 70% 的购买意愿，还需再次进行深沟通等，及时做好跟进，直到成功拿下顾客，使推销工作富有条理性。

项目四

接近顾客

知识目标

1. 熟悉推销接近的准备工作
2. 领会约见顾客的内容和方法
3. 掌握接近顾客的方法

能力目标

1. 提升接近顾客准备的能力
2. 具备接近顾客的掌控能力
3. 提高接近顾客的能力

知识储备

一、接近顾客的准备

所谓接近顾客的准备,是指为了更好地达到接近准顾客的效果,推销人员在接近准顾客之前尽可能地多了解一些准顾客情况,避免冷场的出现。

1. 心理准备

推销人员接触顾客前要时刻铭记"自信,自信,再自信!",消除胆怯的心理,做好心理准备,大方得体地向顾客说出你心中想说的话。

2. 顾客资料的准备

推销人员在接近不同类型的准顾客时,需要依据其类型进行不同的准备。下面分别进行说明。

(1) 个体准顾客

①姓名。如果初次见面就能准确地叫出顾客的名字,会瞬间拉近推销人员与顾客之间的距离,产生一见如故的感觉。

②年龄。不同年龄的人会有不同的个性和需求特征,因而会有不同的感兴趣的话题。

③性别。男女准顾客在性格、气质、需要和交际等方面均有区别,推销人员应区别对待。

④民族。了解准顾客的民族属性,准备好有关各民族风俗习惯的材料,是接近少数民族准顾客的一个好方法。

⑤出生地。"美不美家乡水,亲不亲故乡人",如果准顾客与推销人员同属一个出生地,更能缩短双方之间的距离。

⑥职称、职务状况。不同职业的人在价值观念、生活习惯、购买行为和消费内容与消费方式等方面,存在着比较明显的差异。

⑦学习、工作经历。对于推销人员来说,了解推销对象的学习及工作经历将有助于约见时与其寒暄,易形成共鸣,拉近双方间的距离。

⑧业余爱好。了解准顾客的兴趣爱好,不仅有利于针对性地向准顾客推销产品,以投其所好,而且更有利于寻找话题接近准顾客。

⑨需求内容。推销人员应重点了解准顾客需求的具体情况,便于有针对性地做好推销工作。

⑩办公场所及居住地址。准顾客的办公场合、居住住址和经常出入、停留的地方,对推销人员而言是非常重要的资料。

(2) 团体准顾客

团体准顾客是指除个体准顾客以外的所有准顾客,包括工商企业、政府机关、事业单位及其他社会团体组织。

①基本概况。团体准顾客的基本概况包括机构名称、品牌商标、营业地点、所有制性质、注册资本、上级主管部门、职工人数等。

②生产经营情况。即产品品种、产量、生产能力、产品结构情况、产品加工工艺及配方、产品主要销售区域及市场占用率情况等。

③采购习惯。不同准顾客有各自不同的采购习惯,包括采购对象的选择、购买途径、购买周期、购买批量、结算方式等。

④购买情况。接近顾客前要了解购买流程,搞清楚具体负责人。

(3) 熟悉顾客

熟悉顾客又称老顾客,老顾客是推销人员熟悉的、比较固定的买主。保持与老顾客的密切联系,是推销人员保证顾客队伍的稳定、获得良好推销业绩的重要条件。

对老顾客的接近准备工作与新顾客的接近准备工作有所不同,因为推销人员对老顾客已经有了一定程度的了解,主要是对原有资料的补充、更新和调整,是对原有客户关系管理工作的延续。

二、接近顾客的方法

推销人员在正式接近顾客时必须认真研究接近顾客的方法和技巧。最常见的接近方法有以下几种。

1. 介绍接近法

介绍接近法是指推销人员通过自我介绍或第三人介绍接近准顾客的方法。介绍有自我介绍和他人介绍两种形式。

2. 实物接近法

实物接近法又称产品接近法，是指推销人员直接利用推销产品实物或者模型接近顾客，以引起顾客对推销产品产生直观的认识、兴趣，转而进入洽谈的接近方法。

3. 利益接近法

利益接近法是指推销人员利用产品能为顾客带来的利益，满足顾客的需要，引起顾客的关注和兴趣，从而接近顾客的一种方法。

4. 好奇接近法

"好奇之心，人皆有之"。好奇接近法是推销人员利用顾客的好奇心引起顾客的注意和兴趣从而接近顾客的方法。

5. 震惊接近法

震惊接近法是指推销人员设计一个令人吃惊或震撼人心的场景来引起顾客的注意从而进入洽谈的接近方法。

6. 戏剧化接近法

戏剧化接近法又称表演接近法，是指推销人员利用戏剧性情节和表演技法唤起顾客的注意和兴趣，从而接近顾客的一种方法。

7. 提问接近法

提问接近法也叫问题式接近法或讨论接近法，是指推销人员通过直接提问来引起顾客注意、唤起顾客兴趣，转而接近顾客的方法。

8. 求教接近法

求教接近法是指推销人员抛出一个问题，以虚心的态度向顾客寻找问题答案的一种接近顾客的方法。多数顾客都有"愿意为人师"的心态，推销人员如能上门求教，正好迎合了顾客心态，因此此法深受顾客的欢迎。

9. 馈赠接近法

馈赠接近法是指推销人员以赠送礼品给顾客来接近顾客的一种方法。让顾客主动购买相对较难，但是让顾客免费接受礼品却非常容易。

10. 恭维接近法

恭维接近法又称赞美接近法，是指推销人员利用顾客的虚荣心，多说赞美、恭维的话以博得顾客的好感，从而接近顾客的方法。恭维接近法的实质是推销人员利用人们希望赞美自己的心理来达到接近顾客的目的。

推销洽谈

知识目标

1. 熟悉推销洽谈的目标及内容
2. 了解推销洽谈的原则、步骤
3. 掌握推销洽谈的方法
4. 了解推销洽谈的技巧

能力目标

1. 提高洽谈目标的理解能力
2. 提升推销洽谈的掌控能力
3. 提高推销洽谈方法的运用能力

知识储备

一、推销洽谈的目标

现代推销洽谈的目标在于向顾客传递推销信息，诱发顾客的购买动机，激发顾客的购买欲望，说服顾客，达成交易。为了实现推销洽谈的目的，推销人员需要完成以下几方面的任务。

1. 向顾客传递信息

推销人员在推销洽谈中要将所掌握的产品品牌、功能、质量、价格等信息准确地传递给顾客。

2. 解答顾客疑问

顾客对产品会提出一些问题或建议，比如说产品的材质、功能等。

3. 主动满足顾客需求

顾客的购买行为是受购买动机支配的，而购买动机又源于顾客的需求。推销的实质是满足顾客的需求,要想满足顾客的需求,就先要发现人们的购买需求和动机。

4. 促使顾客做出购买决定

顾客接受了推销人员对产品的介绍,认同了推销人员的看法,但并不表示愿意做出购买决定,这就要推销人员准确地把握顾客购买决策前的心理冲突,利用各种方法或手段刺激顾客的购买欲望,引导顾客做出购买决定,做出购买行为。

二、推销洽谈的内容

在洽谈方案中,必须事先确定洽谈可能涉及的内容。洽谈的内容也应围绕顾客所关心的问题来确定。一般包括以下几个方面:

1. 产品品质

产品品质是产品内在质量和外观形态的综合,具体来说,产品品质是产品的化学成分、物理性质、机械性能、结构、造型、色泽及味觉等技术指标的总称。

2. 产品数量

产品数量是指按照一定的"尺度"来统计产品的个数、长度、面积、容积等为多少。

3. 产品价格

产品价格是推销洽谈的最关键因素,价格的高低是洽谈中极为敏感的问题,直接影响交易双方的经济利益,所以价格是推销洽谈中最重要的内容。

4. 货款结算

在推销洽谈中,双方应明确货款结算方式及结算使用的货币、结算时间、结算地点等具体事项。

5. 销售服务

销售服务是推销洽谈中不可缺少的一个环节,推销人员应综合考虑本公司的生产运营能力、供应能力等因素,将承诺的服务范围准确地传递给顾客。

6. 保证条款

保证条款是指在交易过程中,买卖双方对买进、售出的产品要承担某种义务和责任,以担保的方式保证双方的利益。

三、推销洽谈的原则

1. 针对性原则

所谓针对性原则,是指推销洽谈应该服从推销目的,必须具有明确的指向性。一般包括以下几个方面:针对顾客的需求动机;针对顾客的心理特征;针对顾客的敏感程度。

2. 鼓动性原则

所谓鼓动性原则,是指推销人员在推销洽谈中用自己的信心、热情、积极的态度、丰富的知识有效地激励、感染顾客,通过说服和鼓动让顾客采取购买行动。

3. 诚实性原则

所谓诚实性原则,是指推销人员在推销洽谈过程中要真心诚意,不弄虚作假,信守承诺,对顾客负责,这是推销人员的基本行为原则。推销人员在推销洽谈中要做到如实地传递信息;不空许诺言;出示准确可靠的证明等。

4. 倾听性原则

所谓倾听性原则,是指推销人员在推销洽谈过程中,不要只向顾客传递推销产品信息,而是要注意倾听顾客的意见与要求。

5. 参与性原则

所谓参与性原则，是指推销人员在推销洽谈过程中，要积极地设法让顾客主动参与推销洽谈，促进推销信息双向沟通。

6. 灵活性原则

所谓灵活性原则，是指推销人员应根据不同情况作出不同的分析，随机应变，见机行事。推销洽谈不是个固定过程，每个推销的对象不同，推销的形式也会不同。

四、推销洽谈的步骤

"良好的开始是成功的一半"。推销人员在洽谈前必须进行充分的准备工作，才有可能有效地开展推销计划，实现推销的预期目的。

1. 制订洽谈计划

（1）洽谈的预期评价。

"不打无准备的仗"。推销人员要对推销洽谈结果做个预期评价，最低的结果是什么，最好的结果是什么，下一步又该采取什么策略。

（2）确定推销洽谈的时间、地点。

洽谈时间、地点的选取尽量方便于顾客，与顾客提出洽谈前，应大致告诉洽谈需要的长度，好让客人尽量选择比较方便的时间。

（3）进一步核实顾客的基本情况。

顾客的资料必需真实而准确，不要张冠李戴，更不要叫错顾客的名字，如果是间接资料要进一步核实。

（4）提供产品样品和服务的有关信息。

为了方便顾客选择，应详细标注产品的性质、性能、价格等要素，对于同类竞争者的产品最好也要列明，这样顾客就更直观清楚了解了你提供的产品的优势。

（5）选择推销洽谈的策略和方法。

根据前期掌握的顾客的兴趣、爱好、个人情况，找准适合洽谈对象的策略，就既可以拉近双方的距离，投其所好，也利于洽谈结果的最终实现。

（6）做好洽谈的心理准备。

①自信、执着。顾客喜欢对人生充满自信的推销人员。他们目光坚定、谈吐自如，顾客的情绪会受之感染。

②态度诚恳。推销人员要真诚坦率，对于顾客能真诚地帮助他们解决问题，提供满足其需求的实实在在的产品。

③百折不挠。推销要保持平常心，不怕拒绝，越战越勇，遇到失败，也不动摇。

2. 推销洽谈的工具准备

（1）准备阶段。

"智者当借力而行"。推销人员在推销过程中需要充分利用推销产品（模型）、产品说明资料、证明资料等各种推销工具。

（2）摸底阶段。

推销洽谈的摸底阶段包括谈判双方试探性地提出问题，试图了解对方，关注对方的价格底线或成交的要求。

(3) 报价阶段。

报价阶段是推销洽谈的非常重要的阶段,推销洽谈的关键就是报价。报价直接涉及谈判双方的基本利益,因此报价是推销洽谈十分重要的阶段,是洽谈的核心和关键。

(4) 磋商阶段。

推销洽谈的磋商阶段也称"讨价还价"阶段,是指洽谈双方为了各自的利益,对报价进行"退"与"进"的周旋过程。双方都在努力寻求利益的共同点,并对各种具体交易条件进行磋商和探讨,以逐步减少彼此分歧。

(5) 促成阶段。

推销洽谈的促成阶段是推销洽谈的最后阶段,也是收获最终战果的阶段。当双方进行实质性的磋商后,经过彼此的"退""让""取""舍",意见已经大体统一,谈判趋势逐渐明朗,最终双方就有关的交易条款达成共识,于是推销洽谈便进入了促成阶段。

五、推销洽谈的方法

推销洽谈是一项高雅的艺术工作,掌握合适的推销洽谈方法决定推销的成败。推销洽谈的方法很多,大致可归结为两大类:提示洽谈法和演示洽谈法。

(一) 提示洽谈法

所谓提示洽谈法,是指推销人员在推销洽谈中利用语言的形式启发、诱导顾客产生购买意愿从而达到购买目的的方法。按照提示方式的不同可以细分为以下几种方法:

1. 直接提示法

直接提示法,是指推销人员接近顾客后直接向顾客呈现推销产品、陈述推销产品的优点和特点、建议顾客购买推销产品的洽谈方法。

2. 间接提示法

间接提示法,是指推销人员间接地夸赞产品好、建议顾客购买推销产品的洽谈方法。这种方法可以有效地缓解面谈压力,避重就轻,制造有利的面谈气氛。

3. 明星提示法

明星提示法,又称名人提示法或威望提示法,是指推销人员利用顾客对名人的崇拜心理,借助名人的"明星效应""晕轮效应"来说服顾客购买推销产品的洽谈方法。明星提示法迎合了人们的"追星""仿效明星"的情感购买动机,诱发其产生购买意愿,促使其实现购买行为。

4. 自我提示法

自我提示法,又称暗示法,是指推销人员利用各种提示激起顾客的兴趣,引起顾客的自我提示,从而让顾客做出购买决定的洽谈方法。推销人员不直接向顾客展示该产品的主要优点,而是采用暗示的方式使顾客认识到购买产品的必要性,转而接受推销人员的推销。

5. 鼓动提示法

鼓动提示法,是指推销人员通过传递推销信心、启发建议顾客、激起顾客购买欲望的方式从而使顾客立即采取购买行动的洽谈方法。鼓动提示法的优点是可以传递推销信息,刺激顾客的购买意愿,引起顾客的行为反应,从而利于快速成交。

6. 积极提示法

积极提示法，是指推销人员用积极的语言或其他积极方式劝说顾客购买所推销产品的方法。积极提示法使用正面的提示、热情的语言、赞美的语言，常常会产生正效应。

7. 消极提示法

消极提示法与积极提示法正好相反，是指推销人员使用消极、反面的否定语言来劝说顾客购买推销产品的洽谈方法。消极提示法也可以引起顾客产生积极的心理效应，实现交易。

（二）演示洽谈法

演示洽谈法又称直观示范法，是推销人员运用非语言的形式，通过实际操作推销产品或辅助工具，让顾客通过视觉、听觉、味觉、嗅觉和触觉等感官器官直接感受推销产品信息，刺激其产生购买意愿，最终实现购买推销产品的洽谈方法。

1. 产品演示法

产品演示法，是指推销人员通过直接演示推销产品本身来劝说顾客购买推销产品的洽谈方法。

2. 文字演示法

文字演示法，是指推销人员通过展示与推销产品有关的文字资料来建议顾客购买的洽谈方法。文字是传递推销信息的重要媒介，也是较好的刺激物。

六、推销洽谈的策略

（一）最后通牒策略

最后通牒策略，是指推销人员通过向顾客提出最低的成交条件、最后的期限等形式发出最后的通牒，促使对方就关键性、实质性的问题迅速做出决定的策略。

（二）自我发难策略

自我发难策略，是指在推销洽谈中针对对方可能会提出的问题，先自行提出，再加以解释并阐明理由的洽谈策略。这种策略必须建立在深入调查、知己知彼的基础上，问题必须选得突出、恰当，理由论据充分，令对方信服。

（三）折中调和策略

折中调和策略，是指在推销洽谈处于僵持局面时，由一方提出折中调和方案，对方也应做出一些让步来共同达成协议的策略。使用好折中调和策略在某些关键、原则问题上坚持自己的立场是可以迫使对方妥协，实现交易的。

（四）留有余地策略

留有余地策略，又称"留一手"策略，是指在推销洽谈过程中在与对方协商时要留有余地，不要全盘端出，以备讨价还价之用。留有余地策略的好处在于谈判中对方停止进攻时，己方也能获得较大利益，若对方继续纠缠，则可以有继续回旋的能力。

（五）步步为营策略

步步为营策略，是指在洽谈中，不是一次就提出总目标，而是先从某一局部目标入手，争取得到对方的认同，然后再谈另一个局部目标，以此类推，步步为营，直至完成整个目标的洽谈策略。这种洽谈方法有利于取得阶段性的胜利,可以一步一步掌握洽谈的主动权。

(六) 参与说服策略

参与说服策略,是指推销人员让顾客在不知不觉中和自己一道参与说服顾客的策略。聪明的推销人员鼓励顾客先开口说出他们的意见,推销人员再结合实际情况做出适当的修改和补充,并根据顾客的意见提供满足其需要的产品,从而实现成交。

项目六

门店推销

知识目标

1. 熟悉门店推销的流程
2. 掌握门店推销的技巧
3. 学会门店推销的策略

能力目标

1. 提高门店吸引顾客能力
2. 提高门店推销的宣传能力
3. 具备门店推销应变能力

知识储备

一、门店推销的特点

门店推销是顾客已经走进你的工作区域,但是能否带走满意的产品则关系着顾客的需求、产品的质量等很多关键性因素。

1. 顾客主动性接近

在店铺推销中,推销人员接触的顾客大多是主动性光顾,这类顾客的主要目的是购买或查看产品,获取一些"打折"等优惠信息,当然也有的就是漫无目的地打发时间。

2. 有购买意识

有资料统计,主动进店的顾客中70%以上的有一定的购买倾向,如有的顾客已对欲购产品有了明确的认知要求,如就买海尔32寸的液晶彩电;有的顾客已有购买某类产品的打算,但对具体型号却存在模糊;有的顾客可能是已有了某种需求,正为采购行为进行广泛的调查比较,以便做出理性的消费。

3. 购买具有不确定性

虽然顾客的产品需求明确,但是他们也非常理性,在了解产品特征的同时也会考虑产品的优惠活动信息，做到货比三家，同时对企业或推销人员的服务态度存在质疑，也会影响其最终购买目的的实现。因此，顾客在购买时存在观望、比较、犹豫不决等现象。

4. 容易做出购买冲动

一部分顾客没有太明确的购买目标，但是容易受"打折""促销""大清仓"等信息诱惑，看到很多顾客抢购某种产品，也愿意参与，同时也容易受推销人员的影响，接受原本没打算买的产品。

二、门店推销的种类

1. 柜台售货

柜台售货，是指推销人员将要出售的产品置放在玻璃柜台或身后的货架上，顾客查看产品时需要推销人员的帮助的售卖方式。

柜台售货需要推销人员面带微笑，为顾客提供热情、周到、细致的服务，积极主动招揽顾客，准确识别顾客的购买信号，为顺利成交做好准备。

2. 超市售货

超市售货，是指顾客自由进入超市，随心所欲地查看、挑选摆放在货架上的产品，根据自己的需求意愿而购买的一种售卖方式。

超市售货需要推销人员适度推销，要给顾客自主权，不要像监视器一样紧盯着顾客购物，甚至像防贼一样防范顾客，这都是不礼貌、不道德的行为。

3. 展会售货

展会售货，是指以举办展销会的形式，将产品集中展览、统一集中售卖的方式。展会售货需要推销人员经过选拔和培训、熟悉商品知识、耐心细致地解答顾客疑问。

4. 拍卖售货

拍卖售货一般指在商城门前，将若干件产品聚集在一起，选择其中一件，进行集合竞价拍卖，出价最高者买走产品。进行此项推销时，对拍卖的推销人员的要求较高，既要求能烘托人气，吸引更多的顾客光临商城，又要求会用喊价技巧，使消费者愿意参与叫价，摊销产品的成本。

三、门店推销的流程

1. 做好迎客准备

导购人员、推销人员要对进入店内的每一名顾客露出真诚的笑脸做到来有呼声、走有送声。

2. 察言观色，识别购买信号

进入门店的顾客购买需求也千差万别，因此推销人员就要掌握察言观色的技能，及时找出真正购买者，而对于暂时没有购买意向的顾客也不要冷落，应使其随意浏览产品，只做一般提示即可；相反对有真正购买意向的顾客应耐心细致地为其挑选产品提供便利，做到让顾客随便挑、随便选。

门店推销成功与否要求推销人员要及时地识别顾客的购买信号，如行进中的顾客脚步突然停下来，观看某一产品；还和同伴有说有笑的顾客，突然停止了说话，这些信号都表示顾客发现了中意的产品，推销人员应做好准备服务的工作。察言观色的第二个要求就是通过顾客的衣着、打扮、举止、神态，大体判断顾客购买产品的档次、价格，在为其做推荐的时候，应提供最接近其需求的产品。

3. 主动热情，真诚服务

当真正有购买意愿的顾客被推销人员识别后，推销人员要做好开口询问的工作，问话要简洁明了，让顾客觉得亲切自然，用一句话能问完就不要拆成多个问题。

4. 展示产品，激发顾客购买欲望

当推销人员已经问明顾客的真正需求后，就开始着手进行产品展示了，因为让产品亲自"开口说话"的最好方式是让顾客亲切与之"交谈"，为了防止顾客眼花缭乱，推荐产品最好限定在2～3件，相对而言两件最适宜，让顾客采用二择一方式购买即可。

5. 积极引导，达成交易

对于展示的产品，推销人员应对型号、款式等做必要的说明，增强顾客的购买信心。当顾客询问竞争者品牌时，只需强调本品牌的优点，而不要任意诋毁其他品牌的产品，一笔带过即可。

6. 包装产品，礼貌送客

推销人员收取钱款或取货单后，应再仔细核对下产品的信息，如检查货号、尺码、样式，有无破损、油污、跳线等信息，然后打包前再与顾客确认。

四、门店推销技巧

门店顾客按照购买目标清晰与否可分为三种类型：购买目标明确的顾客、购买目标模糊的顾客、没有购买目标的顾客。推销人员要提高推销效率就要做到能准确判断和接待不同类型的顾客，针对不同顾客应该使用不同的推销技巧。

1. 购买目标明确的顾客

对于购买目标明确的顾客，推销人员不应再过度热情地推荐其他类似产品，在其提出主动帮助后，应及时传递产品，并强调产品的优点，增强顾客购买的信心。

2. 购买目标模糊的顾客

对于购买目标模糊的产品，推销人员不要过早打扰，要在顾客做出比较后再帮其"参谋"，促使其做出购买决策。推销人员也可以通过询问，向其推荐1～2件产品，供其选择，适当时机提出请求成交，会收到意想不到的效果。

3. 没有购买目标的顾客

没有购买目标的顾客，推销人员应让这类顾客尽情地、随心所欲地浏览，不要心急地上前推荐，只有在其发出明确购买信号后，推销人员再见机行事适当介绍，或许就有可能成交。

五、门店推销的策略

推销时间都是固定不变的，但是要在有限时间内多卖货，就需要推销人员提高推销效率。

1. 压缩单次交易时间

推销人员要随时了解顾客的心理变化，通过观察、询问辨认顾客的购买需求，增强说服力度，压缩顾客的每次交易时间，提高交易达成率。

2. 提高接待多个顾客的能力，有效应对客流高峰

购物高峰期，推销人员不能单纯讲究"先来后到"原则，应该多点开花，不冷落任何一个顾客。如说出"抱歉，今天人多，请稍等，我这就帮您取"就能让顾客感到温暖。

3. 做好开张和收尾工作

门店销售非常注重第一单和最后一单，图个吉利、好兆头，因此推销人员要笑脸相迎顾客，在报价时做些灵活"微调"，以实现开门盈利、关门前有收获，争取用心留住每一位顾客。

4. 收银唱收

当顾客觉得合适准备交钱的时候，推销人员在收银时应该唱票唱收，而不是默默地收款，如唱收"先生一共消费158元，收您200元，应找您42元，请拿好您的产品和零钱，这个是发票，如有退换请保管好您的购物发票，感谢购物，欢迎您下次光临。"唱收的好处是防止出现找钱给顾客，可顾客忘记了，硬说没找之类的麻烦出现，推销人员应尽量做到票款准确无误。

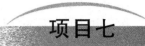

项目七 电话推销

知识目标

1. 了解电话礼仪的内容
2. 知晓电话推销的寻找顾客的方法
3. 掌握电话推销的技巧和策略

能力目标

1. 提高电话礼仪的运用能力
2. 具备与客户的电话沟通能力
3. 提高电话推销的执行力

知识储备

一、电话交流技巧

电话推销人员之间的业绩还是有很大区别的,问题不在于设备而在于技巧。

(一)接听电话的礼仪

1. 铃响两声接电话

当电话铃响后不要忙着接电话,要给拨打电话的对方一个缓冲,铃响两声后拿起电话,如果铃响超过三声,需向对方致歉"抱歉,让您久等了",一定要给对方留下一个好印象。

2. 自报家门

(1)直拨电话,即你是第一个接起电话的人,应先问候对方,然后报出公司名称或所属部门名称,如"您好!三通公司销售部。"

(2)前台接转到你们部门电话,即话机是部门员工公用的,应先问候对方,报出所属部门名称和自己的名字,如"您好,销售部张楠。"

(3)前台接转到自己专用电话机上,可以直接报出自己的名字,如"您好!张楠,您哪位?"

(二)拨打电话礼仪

1. 自我介绍

拨打电话时应首先问候对方,再自报家门。若拨打陌生人电话,应问候"您好!我是三通公司的张楠。"如果是熟悉的客户,应简单问候"您好,章先生,我是张楠。"

2. 简洁地说明打电话的目的

自报家门后,应用非常简洁的语言说明你打电话的意图,不要漫无目的地寒暄。

3. 控制通话时间

通电话时间不宜过长,一般控制在3~5分钟内,若需要较长的时间,才能说清楚打电话的目的,应先告诉对方你需要多少时间,并征询对方是否方便接听电话,如不方便则改日另约。

4. 若是公事最好拨打顾客办公电话

如顾客办公电话较忙,若无重要紧急事情,最好不要拨打顾客手机,应过会再打。

5. 若找的人不在,应留言或致谢

当电话接通后,发现并不是要找的人时,应礼貌地恳求转接,如"哦,许文强不在啊,那您能帮我带句话吗?谢谢!"

(三)拨错电话

1. 自己拨错电话

应主动致歉,说明缘由"抱歉,我看错号码了,打扰您了,再见!"。

2. 对方拨错电话

应报家门,顺带推销自己"抱歉,我这是三通公司,买打印机产品可以找我,再见!"。

(四)结束通话

1. 挂机前要向顾客告别

2. 致谢

对于陌生顾客,应感谢对方打电话咨询,欢迎下次再打来电话,或者感谢顾客接受询问。

3. 寒暄

对于熟悉的顾客,要稍微寒暄"多保重身体""工作别太累了"祝您工作愉快""等您好消息"。

4. 挂机

应等顾客先挂机;若顾客没有及时挂机,可默数三下,轻声地放好听筒。

(五)运用声音的感染力

电话沟通的时候,语言传递只占50%,充分运用富有感染力的声音,更有利于电话沟通。

1. 坐姿端正,面带微笑

提高声音感染力的第一个基本要求就是将你的微笑传递给顾客,电话推销人员如果微笑着拨打电话,声音必然会爽朗自然,对方接听电话时也会心情愉悦。

2. 语速适中

(1)语速不要太快。如果推销人员语速过快,顾客会听不清楚推销人员讲的内容是什么，从而认为推销人员比较毛躁、不成熟、不自信。

（2）语速太慢。如果语速太慢往往又会使顾客觉得推销人员缺乏激情、反应迟钝。

3. 注重语气

电话推销人员在与顾客电话沟通时，所用的语气应不卑不亢，尽量用谦语，用"您"代替"你"，说话要婉转，显得谦虚有风度。

4. 语调沉稳有力

讲话要果断，做到铿锵有力，使顾客觉得你很敬业，更愿意和你交流。

二、电话推销的应用

（一）电话推销的优缺点

1. 优点

（1）降低推销成本。

电话推销只需一部电话机和一本电话号码资料就可以联系顾客，无须把时间浪费在乘坐交通工具上，节约住宿费用，更大限度地降低推销成本。推销人员积极主动地给顾客打电话还可以保持与顾客的良好关系，从而获得更多的订单。

（2）打破地域限制。

电话推销没有地理界线，只要是电话能连接到的地方，都可以成为推销人员的推销地盘，从而有效避免了传统拜访顾客被顾客躲着不见的尴尬局面。

（3）缓解推销压力。

由于不需要双方面对面交流，因此推销人员不需要当面承受被顾客拒绝的压力。

（4）沟通双向性，方便快捷。

电话沟通属于双向沟通，电话推销连着推销人员和顾客，双方之间是双向沟通，更有利于推销人员掌握顾客的心理需求及消费欲望。

（5）提高效率，方便沟通。

电话推销通过声音传递，只要推销人员讲解到位，顾客就可以在较短的时间内完成购买行为，从而提高推销活动的效率。

2. 缺点

（1）推销易被中断。

因为电话推销没办法甄别顾客是否方便接电话，所以顾客在接到推销电话时，常常会刚听明来意，就以不需要、不清楚为借口，挂掉电话，造成了成交率不高的后果。

（2）缺乏信息的感染力。

"耳听为虚，眼见为实"，电话推销中的推销人员无法让顾客对推销产品建立起全方位感觉，顾客无法通过电话来接触到产品，就无法把触觉、嗅觉以及视觉等特性传达给顾客，从而影响信息的感染力。

（3）受电话普及率影响。

一些偏远山区，由于信号不好，会造成推销盲点；或者由于语言不通畅，个别地区的顾客更习惯使用方言，从而影响推销效果。

三、电话"敲门"的技巧

所谓电话"敲门"，即敲开顾客的心门，具体指通过简短话语使顾客的心思停留在电话内容上，似乎有种力量让顾客不得不听进去。

1. 精心设计"三十秒"开场白

顾客接到一个陌生的推销电话，本能就是比较反感，如果推销人员不能在30秒内给顾客一个认同接电话的理由，很可能就会被拒之门外，因此作为电话推销人员更需要这种瞬时间解决问题的能力以下是常见的电话推销中最简单有效的5种开场白：

（1）提供顾客利益。

如果推销人员提供的产品可以满足顾客的某种需要或解决顾客现实中遇到的难题，带给其一定的利益，让顾客认为物有所值，那么顾客很愿意接受电话推销。

（2）勾起好奇心。

顾客总是拒绝或不太耐烦接电话的时候，可以用勾起好奇心的方式，牢牢抓住他们。"哦，那真不巧，原来还想给您一个免费出国旅游的机会呢，那王经理您先忙吧，我们以后再说吧。""等一下，什么免费出国？"

（3）请教问题法。

电话推销也要投其所好，如果谈论些顾客感兴趣的话题或顾客自豪的事情，顾客就会心情大开，从而将电话推销延续下去。

（4）借用熟人法。

对于熟人推荐的电话推销人员，顾客一般都会给熟人面子，从而愿意接听电话。

（5）施压法。

电话推销人员对顾客施加压力的时候，反而会使顾客更愿意接受电话推销。

2. 找出决策人的策略

公司安排前台接待员的职责之一就是过滤推销电话，一般几句话就使推销人员露馅了，导致推销无效。前台接待在判断是否需要转接时，常问的话语是"你是谁，什么事情，你找谁"，因此这就需要电话推销人员采取策略，避免拦截，从而顺利地和决策人物电话沟通。

（1）个人私事。当前台接待员询问"你找他何事？"时，推销人员可巧妙回答说"不好意思，这是我们之间的私事，他不让我说。"

（2）熟人或朋友。当前台接待是误以为是决策人的熟人、好朋友或亲戚打来的电话时，电话也会被快速转到决策人那里。

（3）直接电话高层领导。当推销人员收集到的资料不全的时候，无法判断具体的负责人，可以按客户资料把电话打到决策人的上一级领导如经理、总经理那里。相对而言，高层领导一般层次较高，态度比较和蔼，业务不熟时一般会告诉电话推销人员直接找××联系，再转到接线员那里，电话就会比较顺利地被送达到决策人那里，"哦，那你应该找市场部的方敏，我让前台接待帮你转过去。"

（4）和前台接待员套近乎。可以以打错电话的方式和前台接待员多聊几句，顺便问一下你想知道的信息，一般他们会在不知情的情况下透露给你。

四、电话推销的策略

电话推销一般只是约访的前期工作，毕竟买卖双方不能面对面沟通，也无法让顾客感受到产品的切实利益，因此在使用中要注意以下几个细节：

1. 电话推销不可耗时

电话推销因为不能直观地使顾客看到产品,因此只适用于给顾客一个大致的产品概念,当顾客有针对性地选择购买的时候,可再通过上门拜访的方式,给顾客提供样品及产品报价单。因此,在电话中长时间沟通是不能解决实质问题的。

2. 避免让顾客重复信息

一些非必要的信息,尽量不要让顾客做无意义的重复,那样会造成顾客的反感,如"您的联系地址可以再说下吗?""您的手机号是多少?刚才我没记全。"这些都会让顾客误解你为心不在焉,或者认为你缺乏训练,也破坏了你在顾客心目中的形象。你可以通过其他资料来获得这个信息,如查阅该公司网站,或者电话询问前台,当然在电话沟通中要认真记录,或者配备录音电话。总之,烦琐的信息重复会让顾客尤其是关键性顾客产生反感,导致订购失败。

3. 掌握主动权

电话推销被拒绝的可能性很大,这就要求推销人员要掌握主动权,要在最短的时间内把自己打电话的理由说出来,你说出来顾客不一定购买,但是你不说顾客永远都不会购买。如当顾客说"对不起,我这里很忙,没时间。"你可以巧妙地化解"马先生,我只占用您 3 分钟的时间,可以吗?"或者可以以退为进"那好张校长,您先忙,我 30 分钟后再给您打电话!"

4. 保持联络

电话推销不能完全做到一次就推销成功,要注意适时跟进,慢慢引导顾客理性消费,多次电话沟通后,顾客对产品的印象就会更清晰,时机成熟就会购买。

项目八

处理顾客异议

知识目标

1. 了解顾客异议的分类和成因
2. 掌握处理顾客异议的原则和策略
3. 掌握处理顾客异议的方法和技巧

能力目标

1. 提高顾客异议的识别能力
2. 提高顾客异议的处理能力
3. 提高与顾客的沟通能力

知识储备

一、顾客异议的内涵

在推销过程中,顾客对推销人员所传递的信息表示怀疑、漠视,不认可的行为、态度的总称即为顾客异议。从销售成交的过程来看,顾客提出异议是很正常的事情,它既是成交的障碍,也是成交的前奏。

1. 顾客异议的概念

顾客异议,又称推销障碍,是指准顾客在与推销人员的接触过程中对介绍内容听不明白或对具体内容、条款不认同甚至反对而表现出来的语言、态度和行为的总称。顾客异议就是顾客为获取更有利的成交条件而采取的一种策略。

2. 正确看待顾客异议

(1) 顾客提出异议可使推销人员获得更多的信息。

从某种意义上讲,顾客的异议,恰恰可使推销人员清楚地认识到自己产品在顾客心中的定位。

(2) 通过异议能判断顾客是否有消费需要。

顾客之所以愿意对产品品头论足,是因为他们对产品感兴趣。

(3) 通过异议可使推销人员提高、完善销售技巧。

推销人员的销售技巧不成熟,才导致了很多顾客对他们介绍、推荐的产品产生异议。推销人员在经过多次磨炼后,才能成为优秀的推销人员。

(4) 异议就是"推销是从顾客拒绝中开始"的一种最好的例证。

顾客拒绝并不是说明顾客不想买产品,只要推销人员仔细查找顾客拒绝的原因,及时化解顾客异议,顾客就会自然掏钱购买产品。

3. 合理对待顾客异议

(1) 欢迎、鼓励顾客提出异议。

推销人员应欢迎、鼓励顾客说出自己的想法,通过顾客异议,推销人员可及时查找顾客的需求愿望,从而更好地为顾客服务。

(2) 宽容地对待顾客、倾听顾客异议。

推销人员应该本着"顾客是上帝"的宗旨宽容地面对每一位顾客,将顾客异议写在本子上,并复述顾客异议,尊重顾客。推销人员态度越诚恳,就越能消除顾客异议。

(3) 顾客异议需及时答复。

顾客提出对产品的某些顾虑,推销人员应及时给予解答,消除顾客购买顾虑就可以实现成交。

二、顾客异议的类型

(一) 从顾客异议性质区分

1. 真实异议

真实异议,也称有效异议,是指顾客从自身的利益出发对推销产品或成交条件提出质疑和探讨,从而提出拒绝购买。

2. 虚假异议

虚假异议属于无效异议,是指顾客为了拒绝推销人员的纠缠而故意编造的各种借口或发表反对意见,用于敷衍推销人员的一种行为反应。

3. 破坏性异议

破坏性异议,也属于无效异议,是指顾客不听从推销人员的解释和建议,单凭自己主观意愿,提出缺乏事实理论依据或者不合情理的意见、说法。

(二) 根据异议来源区分

1. 价格异议

价格异议是指顾客认为产品的价格过高或过低而产生的异议,价格异议也是最常见的异议。

2. 需求异议

需求异议是指顾客提出自己不需要所推销的产品而形成的一种反对意见。需求异议是对推销产品的一种全面否定,根本就不给推销人员说服他人的机会。

3. 产品异议

这是顾客认为推销产品不符合自己的要求,如对产品的使用价值、质量、包装等提出反对意见。产品异议表明顾客清楚自己的需要,但是担心产品难以满足自己的需要。

　　4. 货源异议

　　货源异议是顾客在选择产品时对产品的原产地、生产厂家、品牌型号等提出的异议。货源异议的产生主要是顾客对推销产品本身及生产厂家不熟悉,因此提出了购买的反对意见。

　　5. 服务异议

　　服务异议是顾客在购买推销产品时对所获得的服务表示不高兴、不认可而提出的反对意见。该异议是推销交易所附带承诺的售前、售中、售后服务的异议,如对服务方式、服务延续时间、服务内容、服务价格、服务地点、服务实现的保证措施等多方面的意见。

　　6. 购买时间异议

　　购买时间异议是顾客觉得购买推销产品的最好时机尚缺乏足够条件,为延缓购买行为所提出的反对意见。

　　7. 决策权异议

　　决策权异议是指在推销洽谈中,顾客会以没有拍板权而提出拒绝购买。

三、顾客异议的成因

　　顾客总是处在有限的购买支付能力和无限的消费需求的矛盾中,所以说顾客是必然的推销异议的构造者。

(一) 顾客方面的原因

　　1. 顾客的防范意识

　　顾客面对陌生的推销人员通常会保持非常谨慎的态度,不相信或不完全相信对方,采取保护自身利益的策略。

　　2. 顾客未意识到自己的需要

　　顾客思维意识固化,没有意识到产品对自身的需要,缺乏对新产品、新服务的认识。

　　3. 顾客对产品知识缺乏了解

　　顾客传统观念作怪,对新事物感到陌生,从而在心理上对之表示拒绝。

　　4. 顾客心情欠佳

　　顾客心情欠佳,将所有的负面情绪迁怒于产品及推销人员。

　　5. 顾客缺乏决策权

　　顾客未能掌握购买决策权,因此看好产品没法购买,为避免脸面受损而敷衍推销人员。

　　6. 顾客购买力不足

　　顾客没带足现金,或者购买后生活质量下降,因此选择逃避。

　　7. 顾客的偏见或成见

　　顾客对产品或推销人员印象不佳,存在着一定的误会,因此拒绝购买。

　　8. 顾客有相对稳定的购物渠道

　　现有购买行为和原有购买方式有冲突,因此顾客在买与不买之间存在着犹豫,即担心损害某种利益。

(二) 推销产品方面的原因

　　推销产品是推销活动的客体,即主体共同指向的对象,顾客选购产品因人而异,因此推销产品方面的异议的原因也五花八门:

1. 推销产品的质量

推销产品的质量包括：性能（适用性、有效性、稳定性、便捷性等）、颜色、款式、规格、外观包装等。

2. 推销产品的价格

价格异议是在推销异议中占比例最高的异议，一般属于顾客的直觉感受。顾客主观上认为推销产品价格过于高于价值，觉得产品贵。

3. 推销产品的品牌

通常来说，顾客出于生活习惯或品牌忠诚度的因素，会选择固定品牌的产品，对其他的新品牌大多持观望或怀疑态度。

4. 推销产品的包装

推销产品的包装和顾客的购买用途息息相关，购买目的不同，顾客对包装的要求也不同。

5. 推销产品的销售服务

服务异议是顾客对推销人员或产品的企业提供的销售服务感觉不满意而提出的拒绝。

（三）推销人员方面的原因

顾客的异议顾名思义就是由于推销人员素质低下、推销技能不高而导致的顾客拒绝购买的异议。

（四）生产企业方面的原因

在推销洽谈中，顾客的异议有时还会来源于企业。如企业经营管理水平低下、产品质量不好、环境污染严重等都会影响顾客的购买行为。

四、顾客异议的处理原则和策略

顾客异议是顾客购买产品、实现交易的拦路虎，推销人员只有正确面对异议，用耐心、恒心、细心去分析、辨别、解决异议，才能促成交易。

顾客异议处理的原则有以下几个：

（1）客观公正对待。

当顾客异议发生时，推销人员应认真倾听并从顾客的角度考虑顾客异议产生的原因。

（2）尊重顾客。

推销人员要宽容大度地对待反对意见，要对顾客保持足够的尊重。

（3）及时答复。

推销人员要及时给予顾客答复，从而促使顾客能快速地做出购买决定，实现成交。

（4）顾客受益。

推销人员要本着关心顾客利益的原则，真正站到顾客的角度思考问题，理解顾客的疑虑，为顾客出谋划策，以满足顾客的需求和利益为出发点。

（5）维护顾客颜面。

宽容地对待顾客，不损伤顾客的自尊心，把顾客当成真正的朋友。

五、处理顾客异议的策略

在推销洽谈过程中，顾客异议是可以减少但是不能绝对避免的。只有熟练地处理各类顾客异议，才能有效地完成推销任务。处理顾客异议的基本策略有很多，主要介绍以下几种：

（一）巧妙处理价格异议

1. 强调优质优价

推销人员应从产品的成本，慢慢导出产品的价格，强调"物以稀为贵"的道理。

2. 认同价值后再谈价格

推销人员引导顾客对产品的关注，让顾客关注产品的使用性，然后再报出价格，这样顾客的脑海中就会建立起价格和价值的等式。

3. 强调单次使用成本

化整为零，推销人员应将整体价格分解为每天、每小时，让顾客感觉到推销产品的使用价值。

4. 妥协策略

推销人员可以根据推销产品的价格波动范围有条理性地做出不违背原则的妥协，给顾客价格折扣，从而使顾客快速地实现成交。

（二）恰当处理货源异议

货源异议大部分是由于顾客的购买经验与购买习惯不同造成的，推销人员在处理此类异议时可采用以下策略。

1. 坚定不移，寻找切入点

推销人员应从多角度、多层面接触顾客，以共同的兴趣、爱好为切入点，取得顾客的信赖，让顾客给自己一个展示产品的机会，使顾客认同自己所提供的产品优于原有的固定货源产品，从而促使顾客调换新产品。

2. 鼓励对方尝试

推销人员应积极鼓励对方尝试，介绍产品的时候，应有意识地渗透引导顾客定期更换新产品，从而使效果达到最好。

3. 提供例证

在解决货源异议时，推销人员为了抵消顾客对产品的异议，应提供必备的客观凭证来证明自己的产品质量稳定、进货渠道合法。

（三）科学处理购买时间异议

推销活动中，顾客在闻听推销人员介绍后往往会提出"等过段时间再考虑"或者"先看看情况再说"等托词拒绝购买。针对此类异议，可以采取以下几种策略解决：

1. 早买早受益

推销人员可引导顾客"早购买一天早享用一天，万一过了一段时间产品价格还是没降，就错过了最好的使用时机"。

2. 良机激励法

此法主要是采用对顾客有利的时机鼓励顾客，使其不再犹豫，立刻拍板定夺，快速成交。

3. 反击法

推销人员使用激将法打消顾客顾虑从而使顾客快速购买。

六、顾客异议的处理方法

顾客异议产生的原因多种多样，表现形式也千差万别，为了有效化解顾客异议，推销人员要积极深入地剖析根源，探寻有效解决异议的方法。常用的处理顾客异议的方法主要有以下几种：

1. 直接否定法

直接否定法又称反驳处理法，是指推销人员根据比较明显的事实与充分的理由，对顾客的异议进行正面的全盘否定的一种处理异议的方法。

2. 间接否定法

间接否定法又称转折处理法、回避处理法、冷却处理法，是指推销人员并不直截了当地驳斥顾客的意见，而是用肯定的方式表示对顾客异议的理解、同情、认同，然后用一个转折词将自己的意见表达给顾客，间接婉转地否定顾客异议的方法。

3. 抵消处理法

抵消处理法又称平衡处理法或补偿处理法，是指推销人员认同顾客异议，提醒顾客可以从推销产品及其购买条件中得到其他好处，以补偿或抵消顾客异议的方法。

4. 转化处理法

转化处理法又称利用处理法、太极法，是指推销人员过滤顾客异议中有利的观点对此加工处理，转化为自己的观点，借以说服顾客消除顾客异议的方法。

5. 沉默处理法

沉默处理法又称不理睬法、忽视处理法，是指推销人员判定顾客所提出的异议与推销活动以及实现推销目的没有关联或没有必要关联时避而不答的处理异议方法。

6. 自我发难法

自我发难法又称预防处理法，是指推销人员在推销过程中，预先设想顾客会提出哪些异议，在顾客尚未觉察时，自己先把问题说出来，继而再做以恰当解释，来消除顾客异议的方法。

7. 问题引导处理法

问题引导处理法又称询问处理法，是指推销人员对于顾客提出的异议，通过询问的方式向顾客问明缘由，引导顾客在解答缘由的过程中不知不觉地回答了自己最初提出的异议，甚至否定自己，同意推销人员观点的处理方法。

8. 定制处理法

定制处理法又称量体裁衣法，是指推销人员按照顾客异议的具体要求重新为顾客推荐或提供符合其要求的产品，从而有效地消除顾客异议。

项目九

推销成交

知识目标

1. 理解促成交易的含义
2. 辨别成交的信号
3. 理解促成交易的基本策略
4. 掌握促成交易的方法
5. 理解成交后续工作的内容和方法

能力目标

1. 提升识别成交信号的能力
2. 提高促成交易的掌控能力
3. 提高成交后的跟踪能力
4. 提升为顾客服务的能力

知识储备

一、推销成交的含义

所谓推销成交,是指顾客接受推销人员的购买建议及购买展示,愿意做出购买推销产品的行动过程。我们可以从以下三个方面来理解:

1. 成交是检验推销人员推荐顾客成效的表现

顾客愿意不愿意接受推销人员的诱导、游说、推荐,关键在于是否成交,只有顾客愿意花钱购买,才是推销有成效的标志。

2. 成交是化解顾客异议水到渠成的结果

顾客异议是顾客成交的拦路虎,只有顾客异议完全化解后,顾客才愿意接受购买产品的行为。

3. 成交并不是推销活动的终结，而是新的推销活动的开始

顾客购买产品，只是推销活动过程的成果体现，但是推销活动并未结束，推销人员与顾客建立良好、融洽的关系，就可为下一次购买做好铺垫。

二、成交信号的种类

所谓成交信号，是指顾客在决定购买推销产品的时候，从语言、面部表情、身体行为上会有一种下意识的动作流露。

1. 表情信号

所谓表情信号就是从顾客的面部表情和身体仪态中流露出来的对商品喜好的一种正常反应，如在化解异议后面带微笑、下意识地点头等。

一般而言，以下几种情况可表明顾客愿意做出购买行为：

①顾客特别关注地查看产品。
②顾客面带微笑且笑得自然。
③顾客眉头紧锁后又舒展。
④顾客眼睛向下看，似乎在思索什么。
⑤顾客点头表示同意推销人员的观点。
⑥顾客显得轻松，态度也更加友善。
⑦嘴唇嚅动，好像要说话的样子，却又没说。

2. 语言信号

顾客认可产品后会脱口而出"喜欢""还不错""正是我想要的"等信号，就暗示着顾客愿意购买产品。一般来说，以下几种情况都属于成交的语言信号：

①顾客对产品给予肯定或赞赏。
②边看说明书边提出疑问。
③仔细询问交易方式、交货时间和付款条件。
④详细了解产品的使用情况、具体的操作程序。
⑤对产品质量及性能提出质疑。
⑥步步追问推销人员，尤其对产品保养、售后服务事项问得很仔细。
⑦拿着价目表仔细盘问推销人员。
⑧提出一个新的成交价格。

3. 行为信号

行为信号是顾客的肢体语言会透露出一些对成交有价值的信息，推销人员要擅长抓住良机，大胆地引导顾客，促使他们做出购买行为。

①反复查看说明书，熟悉产品结构。
②身体前倾，离推销人员展示的产品更近一步。
③神情很关注，不停地摆弄产品。
④试用产品，并用手触摸产品或用手去丈量产品。
⑤沉默不语或脚部持续晃动。
⑥主动请出有拍板权的负责人，或主动给你介绍有关部门的负责人。
⑦突然给推销人员倒开水，或递烟，变得热情起来等。

⑧将椅子拉近推销人员，神情很关注。
⑨拿笔在产品介绍宣传单上，画下自认为是重点的文字。
⑩询问同行的意见。
⑪掏出手机给某人汇报产品情况、价钱等。

三、促成交易的策略

成交策略是促成交易活动的基本战术，适用于各种产品或服务的推销活动，能否实现成交，取决于推销人员是否能熟练掌握并灵活运用成交策略。一般常用的成交策略主要有以下内容：

1. 保持积极的心态，培养正确的成交意识

成交是推销活动的分水岭，要么成功、要么失败。成交的障碍除了顾客、推销产品本身及外界干扰外，还有来自于推销人员本人的情绪和心理障碍。推销人员要敢于开口提出自己的请求，要知道"开口顾客不一定购买，但不开口顾客肯定是不购买的"，即使被顾客拒绝，推销人员也没任何损失，还可以有时机给顾客重新推荐其他产品，只要争取，就一定会有收获的。

2. 提防第三者"搅局"

推销成交过程中，最忌讳的是第三者的加入而阻挠生意继续进行。第三者对产品的怀疑、疑虑、偏见就会左右顾客的购买决定甚至导致顾客做出放弃购买的行为。对于有经验的推销人员而言，如果买货的是两位同性，生意就会有难度，因为另一个人会给准顾客提供一些"参谋""建议"，使推销行为受阻。聪明的推销人员往往会用一些小礼品"封住第三者的嘴巴"，即提示购买产品者和第三者都可以得到礼品。

3. 保留余地，择时促成交易

推销人员略微要留有一定的回旋余地，报出略微高点的成交价格，遇到顾客讲价议价的时候，根据实际情况，可以适当地给予顾客一定优惠，以达成交易。

4. 因势利导，诱导顾客主动成交

推销人员应善于"借力""借势"，尽可能地引导顾客主动购买产品，以达到减少成交的阻力的目的。每个顾客都有自己的主见，愿意把"明智"的购买行为当成一种可以炫耀的"资本"，对此，推销人员要采取适当的方法与技巧来引导顾客主动成交，建议使用"二择一"法则，使顾客觉得购买行为完全是个人的睿智决定。

5. 不放过任何一个成交机会

推销成交在一个瞬间就可以完成，因此整个推销活动就有可能随时完成交易，推销人员要树立正确的推销意识，不放过任何一个可能成交的机会。只要顾客没有从你的视线消失，成交就随时都有可能实现，关键是你要牢牢抓住成交时机。

四、促成交易的方法

所谓促成交易的方法是指推销人员在恰当的时间，用以启发、引导顾客并促成顾客做出购买决定、完成购买行为的方法和技巧。它是促成交易的规律及经验的总结，常用的成交方法主要有以下几种：

1. 请求成交法

请求成交法又称直接成交法，即推销人员用明确的语言直接要求准顾客购买推销产品的

一种方法。请求成交法是最基本、最简单、最常用的一种成交方法。通常，推销人员在解决顾客异议后，顺带一句"既然没有什么不满意的地方了，那我们就签订合同吧。"

2. 假定成交法

假定成交法又称假设成交法，是指顾客尚未明确提出成交，甚至顾客仍持有疑问时，推销人员就假定顾客已接受推销建议而直接要求其购买的成交方法。如"我们是送货上门，请告诉我你家的地址，我好给你做配货单。"

假定成交法有一种推动力，是推销人员推动顾客接受产品的行为，推销人员可以占据主导位置，让顾客顺着推销人员的节奏完成购买行为。

3. 选择成交法

选择成交法是指推销人员向顾客提供一个有效的选择范围，一般提供两种或两种以上可供选择的购买方案来促成交易的成交方法。选择成交法的理论虽与假定成交理论相类似，但前者是后者的具体运用和发展，前者比后者更加考虑顾客的感受，即推销过程更显得自然、贴切。

4. 从众成交法

从众成交法是推销员利用顾客的从众心理，促成其购买推销产品的一种成交方法。从众成交法归因于顾客的从众心理，即跟随大多数人的购买意愿，是一种比较普遍的社会心理现象。

5. 小点成交法

小点成交法又称局部成交法或次要问题成交法，是指推销人员利用局部或次要问题的成交来促成整体成交的一种方法。小点是与大点相对的，即顾客先在小的地方不反对，然后过渡到大的地方不反对，最后全部问题不反对，成交就实现了。

小点成交法主要利用的是给顾客"减压"的原理，顾客在处理一些细小问题时心理压力比较少，因此答应起来也比较容易，推销人员先将若干个细小问题慢慢争取过来，那么最后剩下的就不再是什么大问题了。

6. 总结利益成交法

总结利益成交法是指推销人员在推销洽谈中将顾客关注的产品的主要特色、优点和利益，在成交中以积极的方式做以概括总结，以得到顾客的认同并最终促使顾客购买的一种成交方法。如手机专卖店的推销人员运用总结利益成交法，"这位先生，刚才我们也尝试了这款手机的上网、QQ后台操作、个性铃声制作等功能，您还都满意，是吗？那我就给你下单了，好吧？这款手机在我们店里销售很火的，您买它肯定错不了。"

7. 最后机会成交法

最后机会成交法又称机会成交法、无选择成交法、限制成交法或唯一条件成交法，是指推销人员直接向顾客提示最后成交机会而促使顾客立即做出购买行为的一种成交方法。这一成交方法要求推销人员合理运用购买机会原理，向顾客提示购买行为"机不可失，时不再来""过了这村就没这个店"的机会，使顾客意识到珍惜购买时机的紧迫性，从而产生迅速购买的决定。

8. 优惠成交法

优惠成交法又称让利成交法，是指当顾客犹豫不决时，推销人员通过提供优惠的交易条件来促成交易的一种方法。它利用了顾客在购买产品时的求利心理，通过实行让利销售，促成交易。商家经常使用的"买一送一""买 8 000 元送小家电"等就是此法的典型例子。

9. 保证成交法

保证成交法又称许诺成交法，是指推销人员通过向顾客提供某种保证来促使顾客快速成交的一种方法。保证成交法是顾客购买商品的"定心丸"，对顾客最关心的问题给予保障性承诺，使顾客买得放心，用得安心。

10. 试用成交法

试用成交法又称体验成交法，是指推销人员为了使顾客加深对推销产品的了解，增强购买信心，让顾客试用或者体验产品的一种成交方法。试用成交法能给顾客留下非常深刻的直观印象，例如推销人员给顾客介绍按摩器后，把按摩器放在顾客那里，告诉顾客买不买没关系，只要保证原样就好，一周后再去顾客家取回按摩器，由于顾客已经使用习惯了，按摩器大大缓解了顾客的腰腿疼痛，全家人都很喜欢用，就可能掏钱来购买。超市中买新产品饮料，让顾客免费试喝，顾客觉得口感不错，就有可能去购买。

11. 大点成交法

大点成交法又称主要问题成交法、异议成交法、全部成交法，是指推销人员利用处理顾客异议的时机直接向顾客传达购买信息并要求顾客立即购买的一种成交方法。所谓大点，即顾客的最主要异议，如果把顾客的最主要异议攻克掉，那么次要的异议就更容易铲除了，从而加速实现顾客购买。

项目十

推销人员职业规划

知识目标

1. 了解推销人员招聘与选拔流程
2. 熟悉推销人员培训方法
3. 了解推销人员自我管理的作用及意义
4. 掌握推销人员职业生涯规划设计

能力目标

1. 提高推销人员管理能力
2. 提升推销人员培训设计能力
3. 提高推销人员自我管理能力
4. 完善推销人员职业规划能力

知识储备

一、推销人员的招聘与选拔过程

1. 发布招聘启事

当企业确实需要招聘员工时,应通过一定渠道发布招聘启事,以使更多的求职者关注到企业的需求信息,一般常见的招聘渠道为人才求职网、政府招聘网站、报纸、海报、校园招聘、人才交流会等。

2. 筛选求职者简历

用人单位收到求职者的广告后,应按照招聘条件、岗位要求、有无相关工作经验、是否符合人才需求等条件,进行筛选,不符合的求职简历将放入企业备用文件柜中,作为备选。

3. 组织面试

因岗位的不同可能会进行一次或多次面试。职位越低的人面试的次数越少,通常业务人员、推销人员由人力资源部门负责,某些大型单位可能要经历两轮面试,即人力资源部门面试和销售部门面试。人力资源部门面试主要考查求职者的反应能力、逻辑能力、沟通协调能力;销售部门面试主要考查求职者的团队合作能力、岗位适应能力等。

4. 进行业务能力测试

业务能力测试因用人单位不同测试的方法也不同,但大体上可分为知识能力测试和心理能力测试两块内容。

5. 体检

经过业务能力测试的人员就成为企业拟录用人员,但录用前要检查其身体条件是否能胜任推销工作,比如有无器质性、严重功能性疾病及不适宜推销工作岗位的其他疾病。

6. 办理入职手续

向求职者发出录用通知,提醒其在规定的时间内办理好入职手续,以完成本次招聘任务。

二、培训的作用

通常来说,企业实施培训的作用主要表现在以下五个方面:

1. 树立自信

企业培训可以不断地强化推销人员的工作使命感,树立其自信心,使其保持积极向上、乐观的精神态度,更好地适应工作。

2. 提高技能

通过培训可以提高推销人员的交往技能,为今后做好推销工作打好扎实的基础,因此对推销人员进行培训是企业推销工作的一个重要组成部分。

3. 提高销售业绩

通过培训还可以提升推销人员的人文素质,顾客在认可推销人员的同时,也是在认可企业的形象,从而会提高整个企业的业绩。

4. 稳定推销队伍

培训导致推销人员业绩的大幅提高,从而增强了推销人员的工作责任心和工作满意感,推销人员会更加珍惜自己的工作岗位。通常来说,员工培训后,收入水平、归属感上升了,离职率也就自然减少了。

5. 提高服务质量

服务永无止境,只有加强对推销人员的培训,推销人员才能正确认识到自身的差距,积极寻找各种方法提高服务质量,服务质量好坏就是培训的最好见证。

三、培训分类

一般情况下,企业有三种类型的员工需要培训:一是新进人员,培训的目的是使他们尽快熟悉销售工作,达到零距离上岗;二是有经验的推销人员,培训的目的在于提高其销售效率;三是销售经理,企业期望他们掌握管理知识,提高管理技能,更好地带领团队工作。

1. 岗前培训

所谓岗前培训,是指向新员工介绍企业的规章制度、文化以及业务和员工,就其本质来说,岗前培训只是培训的开始。岗前培训是新员工在组织中发展自己职业生涯的起点。

2. 在职培训

所谓在职培训,是指在工作现场内,主管或技能娴熟的老员工对下属、普通员工和新员工们通过日常的工作,对必要的推销知识、销售技能、工作方法等进行教育的一种培训方法。

3. 专题培训

所谓专题培训,是对推销工作中的某一特定内容、事件而进行的培训。公司在推出新产品或进行某一特定活动的时候,会召集大家来进行共同探讨,以此来提高大家对产品的重视程度。

4. 脱产培训

所谓脱产培训,是指将受训者派到公司外部或者是邀请业界、社会资深讲师给全体员工进行培训,目的是让受训者安心学习,以加速提高推销技能、管理技能。

四、培训的流程

推销培训的流程通常可分为五个阶段:培训需求分析、制订培训计划、设计培训内容、培训实施、培训效果评估。

1. 培训需求分析

培训需求就是要明确推销人员是否需要培训,究竟需要哪些方面的培训。培训需求分析既是培训工作的起点,又是培训效果的检验依据,关系到企业培训的成效,它对企业培训工作的作用非常重要。

2. 制订培训计划

如果培训需求分析验证确实有必要,对在岗人员培训后,就要开始着手制订培训计划。一般包括以下内容:编制培训计划、成本预算、沟通与审批、培训师的选择、行政准备。

3. 设计培训内容

根据员工的培训需求精心设计好培训所讲授内容,这是项目培训的一个关键点,如果培训内容设计得过于复杂或过于简单,都不会收到良好的效果,培训内容一定要有针对性。

4. 培训实施

根据培训计划落实培训项目,主要做好培训过程中的沟通、协调、监控等工作,及时处理突发事件,做好培训师和学员的衔接工作,做好三个落实,即人员落实(培训师、受训者、管理者)、费用落实和时间落实,保证培训项目的顺利完成。

5. 培训效果评估

培训效果评估是整个培训过程的最后一个环节,也是非常重要的一道程序,它在某种意义上决定了培训是否达到了预期效果,常用的培训效果评估有参与人员的评估及培训业绩对比两种方式。

五、推销人员自我管理的意义

推销人员具备高层次的自我管理能力,不仅有利于实现自身的社会价值和个人价值,也能够给企业带来更多的效益。

1. 明确人生奋斗目标

每个人根据自己的能力和知识,设计好一个自己将要为之奋斗的目标,然后再一步一步地努力朝着那个方向前进,最终实现自己的人生理想。

2. 利于突破障碍、开发潜能

进行自我管理能使我们更深入、更全面地认识自己,重新对自己的价值进行定位并保持持续增值。对自己进行科学的自我管理,能不断地增强个人的职业竞争力。

3. 促进个性发展和综合素质提升

通过对个人内心世界和行为特征的剖析以及对职业环境的全方位分析,帮助推销人员发现自己的优劣和潜质,扬长避短,不断鞭策自己。

4. 提升职业品质并转变择业观念

职业品质是推销人员胜任自己职业所具备的基本品质,是职业成功的立足点。推销人员要想在这激烈的竞争中脱颖而出并立于不败之地,需要合理地自我管理,有效整合自己的优势,做到心中有数,不打无准备之战。

六、推销人员的分类

1. 基层推销人员

作为新入职推销行业的员工,往往从事着企业最基层的推销工作,如业务员、销售代表等工作,他们人数众多,一般接受直接上级的管理,只需完成自己的销售任务即可。因为他们的工作内容简单,总体上销售收入也相对较低。

2. 中层推销人员

这指拥有一定管理权限的推销人员,他们或者被称为推销主管,或者被称为推销经理,他们的工作任务不再是单纯地管理好自己,还要管理好自己的销售团队,公司对其的考核不再局限于其自身的业绩,而是重点考核其所带销售团队的总体业绩。

3. 高层推销人员

他们一般被称为销售副总或销售总监,他们不再跟进负责每一个基层推销人员的业绩,只关注自己管辖下的中层推销人员的总体业绩,除了一些重点开发的大客户外,他们日常工作的重心为管理公司整体的销售业绩,公司对其的业绩考核也为年销售任务。

七、推销人员的职业出路

1. 高级销售经理

高级销售经理职务如销售总监、销售总经理等,但是能达到这一目标的推销人员为数很少,几乎是凤毛麟角。

2. 管理等其他岗位

推销工作做久了可能会产生职业倦怠感,这时可转换到其他的管理岗位,如行政主管、后勤主管等相应的管理岗位。他们在这样的工作岗位中一样可以发挥作用,如果说销售是前沿,那么其他管理岗位就是后方防御,相对推销工作而言,停留在室内的时间比较多一些。

3. 自创公司

一些眼光长远的推销人员不甘心只为老板打工,在业务能力、交际能力日趋成熟,积攒了一些人脉，拥有了一些忠诚客户后，开始另起炉灶走上创业道路，当然创业也有风险，真正能成功的毕竟是少数。

4. 管理咨询或培训

一部分推销人员希望从紧张忙碌的推销工作中解脱出来，将自己以往的实践工作经历结合上推销理论升华自己，转而成为一些培训机构的咨询人员或者成为专职的培训讲师，利用自己所长为其他企业的推销人员进行授课或培训，甚至创建属于自己的培训公司，借助业界的影响实现自己的人生价值。

八、推销职业的流动方向

1. 向上流动

如果推销人员有在大公司或集团的分支机构、片区或分公司做销售管理的工作经历，在积累一定的销售经验后，优秀的推销人员可以选择合适的机会，向上流动发展，到更上一级的公司或公司总部从事销售部门管理工作，或者可以带领更大的销售团队。

2. 向下流动

如果在公司总部销售部门工作，当积累一定的经验后，可以根据市场发展的规模和速度，选择合适的机会，向下流动发展，到下一级公司或多级的分支机构去工作，通常是带销售团队，管理薄弱的销售市场，或是去某个细分市场开辟新的业务。

九、推销职业生涯

推销职业生涯就是一个人从事推销职业的工作历程。我们把推销职业生涯分为四个阶段：推销职业生涯早期、推销职业生涯中前期、推销职业生涯中后期和推销职业生涯后期。每个不同的时期，都会有不同的特点，每个时期的任务也不一样。

1. 推销职业生涯早期

大学生毕业后从事基层推销工作，即从 21 岁到 30 岁这个阶段，属于推销职业生涯的早期阶段，又可以称为推销职业生涯的第一青春期，这个阶段的主要任务是学习、了解岗位知识、产品知识，不断地锻炼自己，提高自己的推销技能，摸索尝试着在一个新入行的企业中打拼自己。

2. 推销职业生涯中前期

经历过近十年的打拼、磨炼后，推销人员在 30 岁到 40 岁这个阶段就迈进了职业生涯的中前期，即职业生涯成长期，在这个阶段的主要任务是争取进行职务轮换，抓住各种锻炼才干的机会，寻找最佳贡献区，也就是争取找到职业锚。经过前期的一些积累，推销人员基本上已经成为业内精英，在工作上可以独当一面，在单位中已经成为业务骨干，或者已经开始挖掘人生的第一桶金，开始进行自我创业。

3. 推销职业生涯中后期

在经历过 10~20 年的职场磨炼后，推销人员 40 岁到 60 岁跨入职业生涯的中后期，即职业生涯成熟期，又可以称为职业生涯的第二青春期，与职业生涯中前期不同的是这个时期的主要任务是创新发展，创造辉煌。

4. 推销职业生涯后期

又经历过 10~20 年的市场打拼，推销人员 60 岁到 70 岁就到了推销职业生涯的后期，又称为职业生涯回味期,这一阶段的主要任务是反思、总结、回顾职场历程,传授经验、教训。

十、推销内、外职业生涯

1. 内职业生涯

内职业生涯是指从事推销职业时的知识、观念、经验、能力、心理素质、内心感受等因素的组合及其变化过程。内职业生涯各项因素的获得,需要推销人员不断地通过学习、研究等方式加以完善。内职业生涯的各因素是推销人员职业生涯发展的原动力。

2. 外职业生涯

外职业生涯是指从事推销职业时的工作单位、工作时间、工作地点、工作内容、工作职务与职称、工作环境、工资待遇等因素的组合及其变化过程。外职业生涯着重强调外部环境和外部条件,其构成因素通常会随着外在条件的变化而变化,外职业生涯的稳定以内职业生涯的发展为前提。

3. 内、外职业生涯的关系

内职业生涯是外职业生涯发展的前提,内职业生涯的发展是以外职业生涯的发展或成果来展示的。内职业生涯的匮乏以外职业生涯的停滞或失败呈现。

十一、职业生涯规划书

一份完整的职业生涯规划书包括标题、引言、自我分析、环境分析、职业定位、计划实施、评估修正、结束语等几个部分,具体内容和要求如下:

1. 标题

标题包括推销人员的姓名、规划年限、规划起止时间。规划年限可自主设定,如一年、三年、五年,甚至是十年,视推销人员的具体情况而定,只要适用即可。

2. 引言

引言是推销人员对其职业生涯规划的总体认识,是对规划设计书整体内容的总概述。

3. 自我分析

结合推销人员的实际情况,借助职业测评的结果,叙述分析自身的职业兴趣(喜欢做什么)、职业能力(能够做什么)、个性特质(适合做什么)、职业价值观(最看重什么)、胜任能力(优缺点是什么)。

4. 环境分析

分析自己所处的环境,包括家庭环境、企业环境、社会环境、职业环境等,即明确环境容许你做什么?

5. 职业定位

根据自我分析和职业分析,对自己的推销职业目标进行定位,并从优势、劣势、机会、威胁四方面进行分析整理,以进行决策。

6. 计划实施

通过能做什么到环境容许你做什么到自己最终想做什么的层层转换,制订计划实施一览表,通过填补自身的不足和缺陷得以实现各阶段的目标。

7. 评估修正

计划实施不是一帆风顺的,也不是一劳永逸的,需要结合自身能力适应环境的发展所带来的变化,当预期目标未能实现时,要及时地对职业生涯规划方案进行评估与修正。

8. 结束语

这部分是职业生涯规划的收尾阶段,即对职业生涯规划方案的总结、对自身职业发展的展望等。

习题测试篇

協力與戰鬥

项目一

认识推销

任务一 推销概述

一、填空题

1. 推销活动的特点有指定性、双向性_____、_____、_____、_____。
2. 推销的三要素有_____、_____、_____。
3. 推销的六个流程模块分别是推销准备、找寻顾客、接近顾客、推销洽谈、_____、_____。

二、判断题

1. 推销实质上就是营销。（   ）
2. 员工要求老板给自己增加工资属于推销行为的一种。（   ）
3. 在推销三要素中，推销对象最为关键。（   ）

三、单项选择题

1. 推销是企业在特定的市场环境中为特定的产品寻找买主的商业活动，必须先确定谁是需要特定产品的潜在顾客即寻找好目标客户群，然后才有针对性地向顾客推荐，这属于哪种特性？（   ）
   A. 双向性　　　B. 互利性　　　C. 指定性　　　D. 灵活性
2. 市场推销的目标是把推销成为（   ）。
   A. 职能　　　　B. 尖端　　　　C. 多余　　　　D. 工具

四、多项选择题

1. 推销的流程模块包括（   ）。
   A. 推销准备　　B. 找寻顾客　　C. 接近顾客　　D. 推销洽谈

E. 化解异议　　　F. 促成交易
2. 下列哪些属于推销人员的要素？（　　）。
   A. 仪容仪表　　B. 心理素质　　C. 技能水平　　D. 售后服务
3. 推销的原则包括（　　）。
   A. 刺激并满足顾客需求　　　　B. 注重产品利益
   C. 互惠互利　　　　　　　　　D. 以诚为本

任务二　推销方格理论

一、填空题

1. 推销方格理论分为_____和_____。
2. 推销人员（1，9）是_____类型。
3. 顾客对待推销活动的看法分为两个主要方面：一是顾客对待购买活动、_____本身的看法；二是顾客对_____对己服务态度本身的看法。

二、判断题

1. 推销人员对推销工作没有树立爱岗敬业的工作使命感，缺乏责任心和系统的人生规划目标是顾客导向型。（　　）
2. 推销技术型的推销人员具备一定的推销能力，在激烈的竞争市场中可保持持久性。（　　）
3. 软心肠型的推销人员要特别注意舍得感情投资，努力塑造良好的交易氛围，用情打动对方，唤起顾客的同情心，顺利完成推销任务。（　　）

三、单项选择题

1. 推销人员投入大量的精力用于研究推销技巧，关心推销效果，又最大限度地解决顾客困难，将推销任务与顾客需求两者紧密结合，使商品交换关系与人际关系有机融为一体，属于哪种推销人员？（　　）。
   A. 解决问题型　　　　　　　　B. 推销技术型
   C. 强硬推销型　　　　　　　　D. 顾客导向型
2. 以下不属于顾客方格类型的是（　　）。
   A. 漠不关心型　B. 事不关己型　C. 软心肠型　　D. 防卫型
3. 思维保守的老人一般属于顾客方格中的哪一种类型？（　　）。
   A. 漠不关心型　B. 软心肠型　　C. 防卫型　　　D. 干练型

四、多项选择题

1. 产生软心肠心态的顾客的原因是（　　）。
   A. 出于对推销人员的同情　　　B. 触景生情
   C. 天生拥有菩萨心肠　　　　　D. 设法逃避推销人员
2. 产生防卫型顾客的原因是（　　）。

A. 不信任所有的推销人员　　　　B. 顾客过于自私
C. 顾客过于自信　　　　　　　　D. 缺乏主见

任务三　推销模式

一、填空题

1. 爱达模式的四个阶段分别是_____、_____、_____、_____。
2. 迪伯达模式的六个阶段分别是发现、结合、_____、_____、_____、_____。
3. 费比模式是由特征、优点、_____和_____组成的。

二、判断题

1. 爱达模式适用于生产资料市场产品、老顾客及熟悉顾客、无形产品及无形交易、团体购买等产品或服务的推销。　　　　　　　　　　　　　　　　　　　（　　）
2. 费比模式与其他模式相比，其突出特点是注重推销的准备工作。　（　　）
3. 埃德帕模式的第一步就是向顾客示范符合其愿望的产品。　　　　（　　）

三、单项选择题

1. 埃德帕模式的最后一步是指（　　）。
   A. 将不合适的产品淘汰　　　　　B. 证实顾客的选择是正确的
   C. 把推销产品与顾客的愿望结合起来　D. 促使顾客接受该产品
2. 下列哪一个是迪伯达模式的最后一个阶段？（　　）。
   A. 证明　　　B. 结合　　　C. 行动　　　D. 接受

四、多项选择题

1. 在迪伯达模式中证明阶段包括（　　）。
   A. 人员证据　　B. 事件证据　　C. 物品证据　　D. 疗效证明
2. 推销人员常用的客户需求与推销产品结合的方法有（　　）。
   A. 问题结合法　B. 行为结合法　C. 功效结合法　D. 奖品激励结合法
3. 促使顾客接受的方法主要有（　　）。
   A. 示范演示法　B. 试用体验法　C. 引导演示法　D. 观望考验法

储备推销素养

任务一 推销人员具备的上岗要求

一、填空题

1. 销售人员是搭建_____和_____之间的桥梁和纽带。
2. 产品是一个整体概念，它包括_____层、_____层、_____层三部分。
3. 推销人员提供优质服务的目的是建立_____之间的感情，为企业产品的_____打下扎实的基础。
4. 在市场日益白热化的今天，推销人员能否_____已经日益显得重要，能否_____地对待顾客，能否_____地介绍商品，决定着推销人员推销事业的成败。
5. 推销工作要做到_____、_____、_____、_____。

二、判断题

1. 推销人员的首要职责就是要销售企业的产品，完成企业规定的销售任务。（   ）
2. 销售人员的工作只是跑销售，签合同。（   ）
3. 对待任何需要帮助的人，推销人员应该提供力所能及的帮助。（   ）

三、单项选择题

1. 下列哪项不属于销售人员的职责？（   ）。
   A. 促进产品销售，开拓市场　　　B. 打压竞争对手
   C. 维护顾客关系，服务于顾客　　D. 回笼货款
2. 推销的本质是什么？（   ）。
   A. 开拓市场　　　　　　　　　　B. 服务企业决策
   C. 服务顾客　　　　　　　　　　D. 树立企业良好的形象
3. 答疑、参谋服务是服务顾客中的哪项服务？（   ）。
   A. 售前服务　　B. 售中服务　　C. 售后服务　　D. 全程服务

4. 推销人员应把（　　）放在首位。
   A. 开拓市场　　　B. 服务企业决策　　　C. 服务顾客　　　D. 企业形象

四、多项选择题

1. 下列选项中哪些是销售人员主要搜集信息的内容？（　　）。
   A. 采集顾客反馈的信息　　　　　B. 了解产品的制造信息
   C. 收集竞争者企业的信息　　　　D. 挖掘自媒体大众的信息
2. 下列选项中哪些是推销人员的职业道德？（　　）。
   A. 诚信　　　　B. 务实　　　　C. 尽责　　　　D. 奉献

任务二　推销人员素质与能力

一、填空题

1. 真诚服务体现的"五心"，包括_____、_____、_____、_____和_____。
2. _____是越来越多的企业选拔优秀推销人员的首要标准。
3. 强烈的_____是推销人员保持旺盛工作积极性的动力，是铸就推销人员事业辉煌的必要条件。
4. 掌握推销专业知识，是为了更好地寻找自己的_____，熟悉_____。
5. 企业雇用推销人员的主要目的是_____，推广、宣传产品，为越来越多的顾客购买提供便利。

二、判断题

1. 良好的身体素质是推销人员成功的前提。　　　　　　　　　　　　　　（　　）
2. 良好的沟通能力只是体现在娴熟的语言表达能力上。　　　　　　　　　（　　）
3. 推销人员只有熟悉企业知识，才能认同企业文化，也才能买好产品。　　（　　）
4. 掌握推销学专业知识，是为了更好地寻找自己的推销对象，熟悉推销环境。（　　）

三、单项选择题

1. 对销售人员而言，（　　）的高低直接关系到新顾客开发的数量。
   A. 提高倾听能力　　　　　　　B. 敏锐的判断能力
   C. 创新能力　　　　　　　　　D. 处事不惊的应变能力
2. 下列不是销售人员的思想素质的是（　　）。
   A. 优秀的道德品质　　　　　　B. 严谨、尽职的工作态度
   C. 过硬的心理素质　　　　　　D. 勇往直前的进取精神

四、多项选择题

1. 作为一名优秀的销售人员需要下列哪些素质？（　　）。
   A. 良好的思想素质　　　　　　B. 良好的业务素质

C. 良好的身体素质　　　　　　D. 良好的创新能力
E. 过硬的心理素质

2. 下列哪些是销售人员具备的能力？（　　）。
   A. 良好的沟通能力　　　　　　B. 敏锐的判断能力
   C. 较强的社交公关能力　　　　D. 创新能力
   E. 处事不惊的应变能力

任务三　推销人员商务礼仪

一、填空题

1. 仪容是人的容貌，主要指推销人员的_____和_____。
2. 推销人员着装应符合 TOP 原则，即_____、_____、_____三原则。
3. 宴请礼仪我们通常强调遵循 5M 原则，即_____、_____、_____、_____和_____。
4. 走楼梯，让客人先行的目的：第一是_____；第二是_____。
5. 美国著名学者邓肯说过：_____米是人与人之间的安全距离。

二、判断题

1. 女推销人员无论在任何场合都应该化淡妆。　　　　　　　　　　（　　）
2. 销售人员在佩戴首饰时不宜过多，但必须能够光芒四射，震撼人心。（　　）
3. 和顾客见面时，自我介绍应当简洁明了，不应侃侃而谈。　　　　（　　）
4. 男士赴宴时，必须身着西装。　　　　　　　　　　　　　　　　（　　）

三、单项选择题

1. 下列哪种装束是符合女推销人员日常工作中的装扮的？（　　）。
   A. 深色的眼影　　　　　　　　B. 妖艳的红唇
   C. 淡淡的粉底　　　　　　　　D. 长长的假睫毛
2. 一般情况下，销售人员在与顾客交谈时，眼神停放在对方的哪里？（　　）。
   A. 额头　　　　　　　　　　　B. 嘴唇
   C. 鼻子部分三角区域　　　　　D. 眼睛
3. 销售人员在处理非个人事务的场合中，应和他人保持多大的礼仪距离？（　　）。
   A. 0～44 厘米　　　　　　　　B. 44～120 厘米
   C. 120～360 厘米　　　　　　 D. 360～750 厘米

四、多项选择题

1. 在日常工作中，推销人员不能吃下列哪些食物？（　　）。
   A. 葱　　　　B. 蒜头　　　　C. 胡萝卜　　　　D. 青椒
   E. 韭菜
2. 去顾客的办公地点拜访时，一般情况下应选择何时？（　　）。

A. 周一的 15 点~16 点 B. 周二的上午 10 点~11 点
C. 周四的 15 点~16 点 D. 周末的 19 点~20 点

五、案例分析题

王先生遇见一位他很尊敬的学者，这位学者正和其他人在谈话。王先生想，在这么多人面前，应该更加表示对学者的尊敬。于是在握手时，他用左手盖在对方的手背上，以表示亲密，并长时间地握住学者的手不放，并寒暄了几分钟。

请指出王先生行为不合乎礼仪之处，并修改？

项目三

寻找识别顾客

任务一 筛选准顾客

一、填空题

1. _____又称"可能的顾客",是指有足够的_____且又有可能要购买产品的_____或_____,即具备潜在购买行为的人。
2. 准顾客的种类:_____、_____、_____。
3. 寻找准顾客时,推销人员首先要根据产品的_____、_____、价格、用途,设定好目标顾客群。

二、判断题

1. 准顾客又称"可能的顾客",是指有足够的支付能力且又有可能要购买产品的个人,即具备潜在购买行为的人。（   ）
2. 在寻找顾客前,首先要按产品的特点锁定顾客群,使寻找顾客的范围相对集中,提高寻找顾客的准确率。（   ）
3. 寻找顾客时,只要确定推销对象的范围,锁定客户群,就能成功地寻找到目标人群。（   ）
4. 只要推销人员随时、随地留意,关注身边的每一个人,他们或许就是你要寻找的顾客,就有可能成为现实的购买者。（   ）

三、单项选择题

1. 顾客购买后再没有继续购买过产品,这类顾客属于（   ）。
   A. 新拓展的顾客　　　　　　　　B. 现有顾客
   C. 中断购买的顾客　　　　　　　D. 待开发的顾客
2. 下列不属于准顾客的基本条件的是（   ）。
   A. 有购买产品或服务的需要　　　B. 有足够的支付能力

C. 拥有购买决策权　　　　　　　D. 丰富的个人经历

四、多项选择题

1. 下列选项中，属于寻找顾客的必要性的是（　　　）。
   A. 顾客是企业的服务对象　　　B. 市场竞争的客观要求
   C. 降低推销费用的要求　　　　D. 提高推销成功率的保证
2. 现实的顾客必须满足以下条件（　　　）。
   A. 对产品有需求　　　　　　　B. 足够的支付能力
   C. 有购买的决策权　　　　　　D. 有议价能力

任务二　寻找顾客的方法

一、填空题

1. 普访寻找法又称_____寻找法、挨门挨户访问法、全面出击扫荡法、贸然造访寻找法，是最古老的推销方法之一。
2. 介绍寻找法的原理是_____和_____的规律。
3. 原有顾客寻找法的优点是满意的老顾客可能会带来新顾客，更容易从老顾客那里做成新交易；其缺点是：_____。
4. _____又称无限连锁法、无限介绍法、追踪被推荐者法，有"推销王牌"之称。它是通过建立_____来寻找可能顾客的方法。
5. 中心开花寻找法遵循的是_____，即中心人物的购买与消费行为，就可能在他的崇拜者心目中形成示范作用与先导效应，从而引发崇拜者的跟随行为。

二、判断题

1. 地毯式访问法又称普访寻找法，该方法遵循的是"平均原则"，能够较全面地了解到整个市场的需求。（　　）
2. 中心开发法也叫中心人物法，连锁介绍法是它的特殊形式。（　　）
3. 广告开拓法又称广告拉引法，是指推销人员利用广告媒介手段寻找准顾客，该方法采用"光辉效应法则"。（　　）
4. 单方式广告属于强迫性广告，就是插播在电视剧或者精彩的节目中，观众（听众）愿意听就听，不愿意听就可以调台。（　　）

三、单项选择题

1. 对于有特定用途的产品、专业性强的产品、服务性产品都有较好的推销效果。如对减肥、美容、祛除疑难杂症、人寿保险、车险、财险等均比较适用。这种方法属于（　　　）。
   A. 广告开拓法　　　　　　　　B. 委托助手法
   C. 资料查阅法　　　　　　　　D. 连锁介绍法
2. 传播范围广，节省推销人工费用；传递信息量大，速度快，接触面积广，推销人员节省体力和精力。这种属于哪种方法的优点？（　　）。
  A. 广告开拓法   B. 委托助手法
  C. 资料查阅法   D. 连锁介绍法
3. 下列方法中，适用于任何一种产品推销的方法的是（　　）。
  A. 介绍寻找法   B. 普访寻找法
  C. 个人观察法   D. 市场咨询法

四、多项选择题

1. 地毯式访问法的优点有哪几项？（　　）。
  A. 较全面、客观地了解整个市场的需求状况
  B. 扩大公司知名度和影响力
  C. 锻炼推销人员，积累推销经验
  D. 简单、易行，新手上手快
2. 连锁介绍法又称顾客推荐法或无限连锁介绍法，连锁介绍按照介绍的途径不同，可以分为（　　）。
  A. 直接介绍法   B. 间接介绍法   C. 主动介绍法   D. 被动介绍法
3. 中心开发法也叫中心人物法，该方法应选择哪一类的人群作为其核心的影响人物？（　　）。
  A. 某行业的高层领导   B. 具备市场深刻认识的专业人士
  C. 业界知名度较高的学者   D. 具有此领域中的知名人士
4. 使用中心开发法应注意的问题是（　　）。
  A. 准确找准中心人物是关键
  B. 推销人员应充分博得中心人物的信任与好感
  C. 尽量迎合中心人物的喜爱与风格
  D. 给予必要的回报，达成合作意向
5. 个人观察法也叫现场观察法，其缺点有（　　）。
  A. 直接接触顾客，排除中间性干扰   B. 不确定性大
  C. 易受个人的主观因素影响   D. 由于对顾客几乎陌生，被拒绝的概率高
6. 广告开拓法又称广告拉引法，是指推销人员利用广告媒介手段寻找准顾客的方法，其优点有（　　）。
  A. 广告传播范围广，节省推销人工费用
  B. 寻找顾客又可提高产品影响力，易于顾客接受
  C. 提高企业知名度
  D. 广告费用较低，实际效果明显
7. 运用网络寻找法时应注意的事项是（　　）。
  A. 及时回复客户的电子邮件，注意网络礼仪
  B. 明确自我身份，给顾客留下好印象
  C. 在电子邮件交流时言语要专业
  D. 设计精美的页面吸引顾客注意是关键

任务三　顾客资格审查

一、填空题

1. _____是指对顾客资格进行初步审查，分析其是否是可能的顾客。通过对顾客资格的验定，缩小_____的范围，大大减少推销工作的_____，提高成交率。
2. 顾客资格评审的内容有：购买需求、_____、_____与_____。
3. 顾客资格验定的方法有：_____、_____、_____、其他限制因素法。

二、判断题

1. 顾客支付能力审查是对顾客是否具备购买推销产品的货币支付能力的审查。（　　）
2. 资料查阅寻找法又称文案调查法、间接市场调查法，主要适用于专业性较强的产品。（　　）

三、单项选择题

1. 寻找准顾客的过程中，需要走的程序中正确的是（　　）。
   A. 收集顾客名单→设定门槛→资格审查→拟出入围名单→正式拜访顾客→确定准顾客
   B. 收集顾客名单→设定门槛→拟出入围名单→资格审查→正式拜访顾客→确定准顾客
   C. 设定门槛→收集顾客名单→拟出入围名单→资格审查→正式拜访顾客→确定准顾客
   D. 收集顾客名单→确定准顾客→拟出入围名单→设定门槛→资格审查→正式拜访顾客
2. 以下几个方面不属于顾客资格审查的是（　　）。
   A. 购买需求　　　　　　　　　B. 货币支付能力
   C. 顾客资格条件　　　　　　　D. 顾客的个人素质
3. 不属于家庭购买决策的类型之一的有（　　）。
   A. 丈夫决定型　　　　　　　　B. 妻子决定型
   C. 孩子决定型　　　　　　　　D. 公平决定型

四、多项选择题

1. 顾客资格的审查主要应围绕以下哪几个方面展开？（　　）。
   A. 明确的购买需求　　　　　　B. 足够的货币支付能力
   C. 购买自主权　　　　　　　　D. 顾客资格条件
2. 顾客支付能力审查的方式有（　　）。
   A. 从推销对象内部打探情况　　B. 通过上级主管部门查看虚实
   C. 通过与企业有业务往来的单位判断　D. 推销人员个人判断案例分析题

接近顾客

任务一 接近顾客的准备

一、填空题

1. 接近顾客基本准备包括_____准备和_____准备。
2. 准顾客的一般大致分为_____、_____、_____，推销人员针对不同顾客进行相应准备。
3. 团体准顾客是指除个体准顾客以外的所有准顾客，包括：_____、_____、_____及其他_____，团体准顾客的主要任务是搞定购买执行人或购买决策人。
4. 团体顾客应准备的资料：基本概况、_____、_____、_____。
5. 工具的准备包括：报价单、_____的准备、_____的准备、_____的准备。

二、判断题

1. 为新顾客准备资料只需要知道顾客的名字、年龄、性别就可以。（　　）
2. "官不打送礼之人"，初次拜访顾客，可以适当带些礼品。（　　）
3. 合同事先拟定好，做到文字表述清楚无歧义，无错别字就可。（　　）
4. 接近顾客时知道顾客的资料越多，越有主动权，可以很好地避免冷场的出现。（　　）
5. 对老顾客的接近准备工作主要是对原有资料的补充、更新和调整，是对原有顾客关系管理工作的延续。（　　）

三、单项选择题

1. 推销人员主要通过谁搞定购买执行人或购买决策人？（　　）。
   A. 团体准顾客　　B. 新顾客　　C. 老顾客　　D. 熟人
2. 我国古代有"枕边风"的典故，（　　）也是推销人员提前准备的一个重要内容。
   A. 需求内容　　B. 家庭成员　　C. 业余爱好　　D. 出生地

3. 所谓"美不美家乡水，亲不亲故乡人。"（　　）是推销人员提前准备的一个重要内容。
   A. 姓名　　　　B. 民族　　　　C. 性别　　　　D. 出生地
4. 大声说出你心中想说的话，顾客也不过是个普通人，和我们也没什么太大的区别，又有什么好怕的呢？这是说的下列（　　）准备。
   A. 心理　　　　B. 顾客资料　　C. 工具　　　　D. 金钱

四、多项选择题

1. 文件资料的准备包括（　　）。
   A. 企业产品宣传册　　　　B. 样品
   C. 个人名片　　　　　　　D. 身份证
2. 团体顾客应准备的资料包括（　　）。
   A. 基本概况　　B. 购买习惯　　C. 购买决策人　　D. 购买数量
3. 新顾客应准备的资料包括（　　）。
   A. 年龄　　　　B. 出生地　　　C. 学习工作经历　　D. 家庭经济状况
4. 准顾客一般可分为（　　）。
   A. 新顾客　　　B. 老顾客　　　C. 团体顾客　　　　D. 黑名单
5. 推销人员出现信心不足的现象包括（　　）。
   A. 紧张　　　　B. 说话语速加快　C. 声音过低　　　　D. 忐忑不安

任务二　顾客约见的策略

一、填空题

1. 约见的基本内容包括：确定_____、_____、_____、_____、_____。
2. 常见的约见事由包括_____、_____、_____、_____、_____。
3. 顾客约见的方式有_____、_____、信函约见_____、广告约见、_____约见。
4. 如何约见顾客的路径是_____、_____、_____。

二、判断题

1. 面约一般是顾客和推销人员在公共场合见面后，由顾客直接提出的约见要求。（　　）
2. 电话约见一般是指推销人员在手中只有顾客名单和联系方式，而其他的材料并不多时采取的方式。（　　）
3. 如果第三人和顾客关系比较生疏或有心存不和的情况时，也可采用他人约见方式。（　　）
4. 互联网约见的缺点是：目标顾客关注度不高、难以及时沟通。（　　）
5. 约见地点可以是优雅的咖啡厅、厨房。（　　）

三、单项选择题

1. 在公共场合见面后由推销人员直接提出的约见方式是（　　）。
   A. 面约　　　　B. 电话约见　　　C. 广告约见　　　D. 信函约见
2. 一般来说，电话约见的第一个步骤是（　　）
   A. 问好及寒暄　B. 道明电话目的　C. 介绍自己　　　D. 礼貌结束通话

四、多项选择题

1. 面约的优势有（　　）。
   A. 省时　　　　B. 直接　　　　　C. 成功率高　　　D. 便利
2. 电话约见要注意的问题包括（　　）。
   A. 拜访时间　　B. 声音甜美度　　C. 访问的内容　　D. 语速
3. 网络约见的优势包括（　　）。
   A. 快捷　　　　B. 便利　　　　　C. 无地域限制　　D. 费用低

任务三　接近顾客的方法

一、填空题

1. 最常见的接近方法包括_____、_____、_____、_____等。
2. 介绍接近法按介绍的媒介不同可以分为_____、_____。
3. 产品接近法又称为_____。
4. 问题接近法也叫_____或_____。

二、判断题

1. 利益接近法主要采用的是直白或陈述的方式，语言可以没有惊人之处，但是一定要告诉顾客购买推销产品带来的具体实在。（　　）
2. 震惊接近法是指推销人员设计一个令人吃惊的事物来引起顾客。（　　）
3. 问题接近法可以问顾客让他们摸不着边际、感到迷惑的问题。（　　）
4. 推销人员可以一边求教，一边推销。（　　）
5. 礼品的价值越高，机会就越大。（　　）

三、单项选择题

1. "王经理，您看我是个刚出校门的新人，听说您已经有十多年的推销经验了，可以给我讲讲推销的技巧吗？"这属于（　　）。
   A. 求教接近法　B. 问题接近法　　C. 馈赠接近法　　D. 好奇接近法
2. 推销人员向一位体态发胖的中年妇女推销化妆品："这位女士，您生活真滋润，一看就知道您过得非常舒心，您先生工作也非常顺心吧，因为您长了一副旺夫相。"这属于（　　）。
   A. 赞美接近法　B. 产品接近法　　C. 戏剧化接近法　D. 好奇接近法

3. "大姐，你也天天早晨锻炼啊！"这属于（　　）。
　　A. 搭讪接近法　　B. 调查接近法　　C. 赞美接近法　　D. 问题接近法
4. "看报……看啊！一个 8 岁小孩是如何编造谎言，欺骗了 26 位大人哦！"这属于（　　）。
　　A. 好奇接近法　　B. 求教接近法　　C. 疑问接近法　　D. 马戏接近法
5. "大甩卖……本店商品一律 1 元。"这属于（　　）。
　　A. 利益接近法　　B. 好奇接近法　　C. 马戏接近法　　D. 求教接近法

四、多项选择题

1. 赞赏接近法的注意事项有（　　）。
　　A. 恭维得体，发自内心　　　　B. 掌握火候，适可而止
　　C. 因人而异，选择恰当方式　　D. 过于夸张，言过其实
2. 馈赠接近法的注意事项有（　　）。
　　A. 精美别致　　B. 过于昂贵　　C. 顾及企业形象　　D. 实用

项目五

推销洽谈

任务一 推销洽谈的目标与内容

一、填空题

1. 推销洽谈的目标有：_____、_____、主动发现并满足顾客需求和_____。
2. 推销洽谈的内容包括：推销产品的品质因素、推销产品的数量、推销产品的价格、_____、_____、_____、_____。
3. 关于解除顾客困惑，顾客提出的问题主要有四种：第一种是_____；第二种是_____；第三种是_____；第四种是_____。
4. 价格受到顾客心理期望价值的影响，它与顾客的_____、_____、_____等因素紧密相关。
5. 销售服务是推销洽谈中不可缺少的一个环节，推销人员应综合考虑本公司的_____、_____等因素，将承诺的_____准确地传递给顾客。

二、判断题

1. 推销洽谈的第一任务是将所掌握的产品品牌、功能等信息准确地介绍给顾客。（　　）
2. 对于信息沟通不当提出的问题，推销人员应该迅速地补足信息，更全面地介绍产品。（　　）
3. 推销人员寻找、接近、说服顾客的最终目的是销售服务。（　　）
4. 推销洽谈是产品成交的前提。（　　）
5. 推销洽谈的基础是顾客接近。（　　）

三、单项选择题

1. 以下属于推销洽谈中最重要内容的是（　　）。
   A. 推销产品的价格　　　　　　　　B. 销售服务

  C. 解除顾客困惑   D. 保证条款

2. 以下属于推销洽谈目标的是（   ）。

  A. 提供销售服务   B. 解除顾客困惑

  C. 抓住产品卖点   D. 与顾客购买动机相匹配

3. 推销洽谈的基础是（   ）。

  A. 成本   B. 利益   C. 解除顾客困惑   D. 顾客接近

4. 顾客的购买动机取决于（   ）。

  A. 推销产品的价格   B. 推销产品的质量

  C. 顾客需求   D. 顾客的经济状况

5. 产品成交的前提是（   ）。

  A. 推销洽谈   B. 顾客接近   C. 价格便宜   D. 优质的服务

四、多项选择题

1. 以下不属于推销洽谈的目标的是（   ）。

  A. 传递推销信息   B. 解除顾客困惑

  C. 提供销售服务   D. 主动发现并满足顾客需求

  E. 货款结算

2. 以下属于推销洽谈的内容的是（   ）。

  A. 传递推销信息   B. 解除顾客困惑

  C. 促使顾客做出购买行动   D. 货款结算

  E. 保证条款

3. 销售服务需要明确的项目主要有（   ）。

  A. 明确交货日期

  B. 明确是否需要提供送货及运输方式和地点

  C. 明确是否提供售后维修、养护服务及服务期限

  D. 明确是否提供技术指导及技术人员培训工作

  E. 明确是否有偿提供零配件及工具

4. 保证条款的最主要内容是担保。通常情况下，一些涉及金额比较巨大、承担风险较大的合同，双方往往会就履行的（   ）等事项事先进行协商，权利方都要求义务方提供担保。

  A. 责、权、利   B. 纠纷诉讼   C. 处理方法   D. 售后服务

5. 在推销洽谈中，双方应明确货款结算方式及（   ）等具体事项。

  A. 结算时使用的货币   B. 结算时间

  C. 结算方式   D. 结算地点

五、案例分析题

案例一：一名推销人员的成功拜访

  有一位推销人员在拜访一位顾客之前，打听到这位顾客非常挑剔，总喜欢提出异议。于是，他经过精心准备之后，满怀信心地去拜访这位顾客。一见面，这位推销人员就很礼貌地

说:"我知道您是一位非常有主见的人,对于我的推销一定会提出不少的好建议。"一边说着,一边将事先准备好的 36 张卡片摊在顾客面前,说:"请随便抽出一张来。"顾客从中随手抽出一张卡片。卡片上写的正是一条异议。等这位顾客把 36 条异议读完后,这位推销人员说:"请把卡片翻过来读一下。"每张异议的背后都标明了对异议的理解和解释。顾客忍不住笑了起来。于是,双方成交了。

问题:请思考这位推销员为何能成功,你觉得他使用了哪一种推销洽谈方法,请说明理由。

案例二:趣味相投

一个专门推销建筑材料的推销人员,一次听说一位建筑商需要一大批建筑材料,便前去谈生意,可很快被告知有人已捷足先登了。他还不死心,便三番五次地请求与建筑商见面。那位建筑商经不住纠缠,终于答应与他见一面,但时间只有 5 分钟。这位推销人员在会见前就决定使用"趣味相投"的谋略,尽管此时尚不知建筑商有哪些兴趣爱好。当他一走进办公室,立即被挂在墙上的一幅巨大的油画所吸引。他想建筑商一定喜欢绘画艺术,便试探着与建筑商谈起了当地的一次画展。果然一拍即合,建筑商兴致勃勃地与他谈论起来,竟谈了 1 小时之久。临分手时,建筑商允诺自己承办的下一个工程的所有建筑材料都由这位推销人员供应,并将推销人员亲自送出门外。

问题:你觉得该推销人员使用的这种"趣味相投"的优点是什么?那注意事项又是什么?

任务二 推销洽谈的原则及步骤

一、填空题

1. 推销洽谈的原则包括针对性原则、_____、_____、_____倾听性原则、参与性原则和_____。
2. 推销洽谈的步骤中第二阶段摸底阶段包括:_____、_____、_____。
3. 关于诚实性原则,推销人员在推销洽谈中要做到以下几个方面:一是对顾客讲实话,如实地传递信息;二是_____;三是_____。
4. 灵活性原则是推销洽谈的最基本原则,推销人员在推销洽谈中要做到以下几点:一是_____;二是_____。
5. 推销洽谈按时间先后顺序大致可分为:准备阶段、摸底阶段、_____、_____和_____。

二、判断题

1. 推销洽谈的实质是一个沟通和寻找利益共同点的过程。( )
2. 诚实性原则是推销洽谈最基本的原则。( )
3. 针对性原则是指推销洽谈应该服从推销目的,必须有明确的指向性。( )
4. 诚实性原则是指推销人员在推销洽谈过程中要真心诚意,实事求是,不弄虚作假,信守承诺,对顾客负责,它是推销洽谈最基本的原则。( )
5. 诚实是推销人员最好的名片。( )

三、单项选择题

1. 关于参与性原则，推销人员要努力做到（　　）和鼓励顾客说出自己的想法。
   A. 充足的准备　　　　　　　　B. 与顾客保持一致
   C. 善于倾听　　　　　　　　　D. 不空许诺言
2. 关于鼓动性原则，推销洽谈的成功与否，推销人员要做好：有自信心、坚定的信念，积累丰富的知识和（　　）。
   A. 熟练使用推销工具　　　　　B. 良好的沟通
   C. 出示可靠的证明　　　　　　D. 表里如一
3. 推销洽谈最基本的原则是（　　）。
   A. 诚实性原则　　B. 鼓动性原则　　C. 针对性原则　　D. 灵活性原则
4. （　　）是指推销人员应根据不同情况想出不同的策略，随机应变，见机行事。
   A. 诚实性原则　　B. 鼓动性原则　　C. 针对性原则　　D. 灵活性原则
5. 在推销洽谈的准备阶段，应做好（　　）的心理准备。
   A. 自信、执着　　B. 态度诚恳　　C. 百折不挠　　D. 以上都是

四、多项选择题

1. 针对性原则，具体包括以下（　　）方面。
   A. 针对顾客的需求动机　　　　B. 针对顾客的心理特征
   C. 针对推销产品的特点　　　　D. 针对顾客的敏感程度
2. 鼓动性原则，推销人员要做好以下（　　）内容。
   A. 坚定的信念　　　　　　　　B. 积累丰富的知识
   C. 良好的沟通　　　　　　　　D. 熟练使用推销工具
   E. 自信心
3. 推销洽谈的工具准备包括（　　）。
   A. 推销产品或模型　　　　　　B. 产品资料
   C. 证明资料　　　　　　　　　D. 合同
4. 诚实性原则，推销人员在推销洽谈中要做到（　　）方面。
   A. 表里如一　　　　　　　　　B. 对顾客讲实话，如实地传递信息
   C. 不空许诺言　　　　　　　　D. 出示准确可靠的证明
   E. 与顾客保持一致
5. 灵活性原则，推销人员在推销洽谈中要做到（　　）几点。
   A. 与顾客保持一致　　　　　　B. 善于应变突发状况
   C. 充足的准备　　　　　　　　D. 推销中出奇制胜

五、案例分析题

案例三：一个房地产经纪商的成功推销

一个房地产经纪商正在和顾客讨论有关一所大房子的交易问题。他们一起去看房子，房地产经纪商觉察到顾客对房子颇感兴趣。经纪商对顾客说："现在，当着你的面，我告诉

你,这所房子有以下几个问题:①取暖设备要彻底检修;②车库需要粉刷;③房子后面的花园要整理。"顾客很感激经纪商把问题指出来,并且他们又继续讨论了房子交易的其他一些问题。最后的交易结果可想而知。

这个房地产经纪商的推销成功,不在于其个人的推销能力和技巧,而在于其诚信。

问题:你觉得该房地产经纪商成功之处在哪里?他是如何有效缩短顾客和商家的距离的?对你有什么启示?

案例四:坦率地说出缺点

大名鼎鼎的推销行家阿玛诺斯由于善于推销,业绩极佳。不到两年,就由小职员晋升为主任。下面看看他是如何进行推销活动的。

现在要推销一块土地,阿玛诺斯并不依照惯例,向顾客介绍这地是何等的好,如何的富有经济效益,地价是如何的便宜等。他首先是很坦率地告诉顾客说:"这块地的四周有几家工厂,若拿来盖住宅,居民可能会嫌吵,因此价格比一般的便宜。"

但无论他把这块地说得如何不好,如何令人不满,他一定会带顾客到现场参观。当顾客来到现场,发现这个地方并未如阿玛诺斯说得那样不理想,不禁反问:"哪有你说的那样吵?现在无论搬到哪里,噪声都是无可避免的。"

因此,在顾客心目中都自信实际情况一定能胜过他所介绍的情形,从而心甘情愿地购买了那块土地。

问题:你觉得阿玛诺斯在和顾客洽谈中为何先抛出一些比较"悲观"的事实,这和我们经常说的"老张卖瓜自卖自夸"有哪些特别之处,对你有什么启示?

案例五:他为什么后悔?

一名叫安古斯·麦克塔维希的生意人想换一艘游艇,正好他所在的游艇俱乐部的主席想把自己的游艇出售,再买更大的,他表示有兴趣买下主席先生的游艇,两人谈得很投机。"你出个价吧!"主席先生说。安古斯·麦克塔维希小心翼翼地报了一个价格:"我凑到手的钱只有14.3万镑,你看怎么样?"其实,他有14.5万镑,他留了余地以准备讨价还价。没想到对方很爽快:"14.3万镑就14.3万镑,成交了!",可是安古斯·麦克塔维希的高兴仅仅维持了几分钟,他就开始怀疑自己上当了,那艘游艇他横看竖看总觉得有问题。十多年来,每当他提起这笔交易时,总认为是自己上当了。

安古斯·麦克塔维希为什么会后悔呢?

安古斯·麦克塔维希之所以仅仅高兴了几分钟就开始后悔,一方面是对方让步太快,以致使他有自己是否开价太高了的感觉;另一方面是在没有真正把握对方意图和想法的时候,就作出价格让步,让他感到利益受损了。

问题:作为顾客安古斯·麦克塔维希感觉吃亏了,假如你是那个主席,作为卖方你如何与他推销洽谈,让安古斯·麦克塔维希觉得捡了很大的便宜,买到了一艘物超所值的游艇,请思考对你今后从事推销工作有什么启发?

任务三 推销洽谈的方法

一、填空题

1. 使用直接提示法应注意的细节有:一是_____;二是_____;三是_____;

四是_____。

2. 使用消极提示法应注意的细节有：一是_____；二是_____；三是_____。

3. 鼓动提示法又称_____，是指推销人员通过_____、_____，激起顾客购买欲望的方式从而使顾客立即采取购买行动的洽谈方法。

4. 产品演示法的优点主要表现在两个方面：一是_____；二是_____。

5. 图片演示法最主要的优点是：_____、_____。

二、判断题

1. 直接提示法的优点在于"简洁明快，节省时间，加快洽谈速度，符合现代人的思维习惯，具有很强的优越性。" （　　）

2. 积极提示法的优点在于"引起顾客注意，暗示顾客产生需求，从而购买"。（　　）

3. 演示洽谈法又称直观洽谈法。 （　　）

4. 推销洽谈的方法很多，大致可以归结为两大类：提示洽谈和演示洽谈。（　　）

5. 产品演示法的优点是：方便灵活和形象直观。 （　　）

三、单项选择题

1. 以下不属于使用直接提示法应注意的细节的是（　　）。
   A. 提示应抓住产品卖点　　B. 语气委婉、亲切自然
   C. 注意变化，灵活掌握　　D. 与顾客购买动机相匹配

2. 以下属于图片演示法优点的是（　　）。
   A. 节省信息传递时间，便于顾客比较　　B. 形象、生动，突显证明实效
   C. 方便灵活，形象直观　　D. 声情并茂，有声有色

3. 所谓（　　），是指推销人员通过直接演示推销产品或模型本身来劝说顾客购买推销产品的洽谈方法。
   A. 演示洽谈法　　B. 证明演示法　　C. 产品演示法　　D. 文字演示法

4. 所谓（　　），是指推销人员用积极的语言或其他方式劝说顾客购买所推销产品的洽谈方法。
   A. 消极提示法　　B. 直接提示法　　C. 间接提示法　　D. 积极提示法

5. 所谓（　　），是指推销人员在推销洽谈中利用语言的形式启发、诱导顾客产生购买意愿从而达到购买目的的方法。
   A. 提示洽谈法　　B. 演示洽谈法　　C. 直接提示法　　D. 鼓动提示法

四、多项选择题

1. 使用积极提示法，应注意的细节有（　　）。
   A. 使用正面提示，肯定语言
   B. 提示的事实有根有据，不欺骗消费者
   C. 说话掌握轻重，要有回旋余地
   D. 可以用提问方式引起顾客注意，然后正面给予肯定回答。

2. 推销洽谈的方法可归结为哪两大类？（　　）。

  A. 自我提示法 B. 产品演示法 C. 演示洽谈法 D. 提示洽谈法

3. 使用间接提示法应注意的细节有（ ）。

  A. 说话掌握轻重，要有回旋余地

  B. 语气委婉、亲切自然

  C. 虚构或泛指顾客，使用第三者的身份

  D. 注意掌控流程

4. 使用逻辑洽谈法应注意的几个细节是（ ）。

  A. 情理共进   B. 因人而异，以理服人

  C. 贵重物品及新产品更有效果 D. 推销逻辑达成共振

  E. 研究逻辑理论，防止推理失当

5. 以下属于文字演示法优点的是（ ）。

  A. 节省信息传递时间   B. 便于顾客比较，加深印象

  C. 形象直观   D. 容易得到信服和理解

五、案例分析题

案例六：说话的艺术

"一句话说得人家跳，一句话说得人家笑。"同是一句话，不同的说法，效果大不相同。食品推销人员马林正想以老套话"我们又生产出一些新产品"来开始他的销售谈话，但他马上意识到这样做是错误的。于是，他改口说："班尼斯特先生，如果有一笔生意能为你带来 1 200 英镑，你有兴趣吗？""我当然感兴趣了，你说吧！""今年秋天，香料和食品罐头的价格最起码上涨 20%。我已经算好了，今年你能出售多少香料和食品罐头，我告诉你……"然后他就把一些数据写了下来。多少年来，他对顾客的生意情况非常了解，这一次，他又得到了食品老板班尼斯特先生的很大一笔订单，都是香料和食品罐头。

问题：推销顺利的秘笈就是用心，马林的成功之处在哪儿？为什么同一句话不同的说法，效果大不相同，请列举 1-2 句这样的话。

任务四 推销洽谈的策略和技巧

一、填空题

1. 推销洽谈的策略包括：_____、_____、折中调和策略、留有余地策略、_____和参与说服策略。

2. 留有余地策略又称"_____"策略，是指在推销洽谈过程中在与对方协商时要_____，不要全盘端出，以备讨价还价之用。

3. 推销洽谈的技巧包括：_____和_____。

4. 推销人员在倾听顾客谈话时应注意的细节有：一是_____；二是_____；三是_____；四是_____。

5. 在洽谈中，若僵局已形成，一时无法解决，可采取下列方法绕过僵局：_____、_____、_____、_____。

二、判断题

1. 使用留有余地策略时应注意的细节有：对方非诚意，使用此法逼其显"原形"。对初识顾客应慎重使用，对老顾客可大胆使用。还有就是不可答应得过于爽快。（　　）
2. 富有经验的推销人员常常领悟到，通常约有90%的时间用于讨论一些无关紧要的事情，而关键性、实质性的问题却是在最后剩下的不到10%的时间里会达成一致。（　　）
3. 折中调和策略是指在推销洽谈处于僵持局面时，由一方提出折中调和方案的前提是对方也应作出一些让步来共同达成协议的策略。（　　）
4. 推销洽谈的技巧包括：倾听技巧、陈述技巧、语言技巧。（　　）
5. 发难应该瞄准顾客最想关注的地方。比如商品价格比较高，就选择产品功能为缺口；如果产品功能略显过时，就挑价格为发难目标。（　　）

三、单项选择题

1. 以下不属于使用步步为营策略应该注意的细节的是（　　）。
   A. 不可答应过于爽快
   B. 洽谈中关注对方表情，防止对方识破你的策略
   C. 必要时先让对方吃点甜头
   D. 选择合适的突破口，避免开局失利
2. 以下不属于发问技巧应注意的问题的是（　　）。
   A. 规避隐私　　　　　　　　B. 语气婉转、问题明确
   C. 便于顾客回答　　　　　　D. 规避回答
3. 陈述技巧的两种方式是（　　）。
   A. 承前；启后　　　　　　　B. 先发制人；后发制人
   C. 简短、条理性；见机行事　D. 真情实意；借物化免
4. 以下不属于处理僵局的技巧的是（　　）。
   A. 规避僵局　　B. 绕过僵局　　C. 跳过僵局　　D. 打破僵局
5. 以下不属于打破僵局的方法的是（　　）。
   A. 扩展洽谈内容范围　　　　B. 撤换洽谈人员
   C. 借物化免　　　　　　　　D. 小幅让步

四、多项选择题

1. 以下属于推销洽谈技巧的是（　　）。
   A. 倾听技巧　　B. 语言技巧　　C. 陈述技巧　　D. 回答技巧
2. 以下属于洽谈中的语言技巧的是（　　）。
   A. 陈述的技巧　　B. 发问的技巧　　C. 倾听的技巧　　D. 回答的技巧
3. 以下属于推销洽谈策略的是（　　）。
   A. 留有余地策略　　　　　　B. 红白脸策略
   C. 分而克之策略　　　　　　D. 自我发难策略
4. 以下属于回答技巧的是（　　）。

A. 简短、条理性 B. 分寸性
C. 规避回答 D. 便于顾客回答

5. 以下属于使用折中调和策略应注意的细节的是（　　）。
   A. 对产品差评，鸡蛋里挑骨头
   B. 不可大幅让步，显得每次让步很艰难
   C. 对初识顾客可大胆使用，对老顾客慎重使用
   D. 认同价值后再谈价格

项目六

门店推销

任务一　门店推销的类型

一、填空题

1. 所谓_____，是指推销人员将要出售的产品放置在玻璃柜台里或身后的货架上，顾客要查看产品的时候需要推销人员帮助的售卖方式。

2. _____，是指顾客自由进入超市，随心所欲地查看、挑选摆放在货架上的产品，根据自己的需求意愿而购买的一种售卖方式。

3. _____，是指以举办展会的形式，将产品集中展览、统一集中售卖的方式。

4. _____，一般是在商城门前，将若干件产品聚集在一起，选择其中一件，进行集合竞价拍卖，出价最高者买走产品。

5. 进入门店的顾客，购买需求也千差万别，因此推销人员就要掌握_____的技能，及时找出真正的购买者。

二、判断题

1. 虽然顾客产品需求明确，但是消费者也非常理性，在了解产品特征的同时也会考虑产品的优惠活动信息，做到货比三家。（　　）

2. 一部分顾客没有太明确的购买目标，但不容易受"打折""促销""大清仓"等信息的诱惑。（　　）

3. 超市售货需要推销人员适度推销，要给顾客自主权，不要像监视器一样紧盯着顾客购物。（　　）

4. 当真正有购买意愿的顾客被推销人员识别出来后，推销人员要做好开口询问工作，问话要简洁明了，让顾客觉得亲切自然。（　　）

5. 顾客询问竞争者产品时，要强调自身产品优点，说出他人产品缺点，对其优点不妨一笔带过。（　　）

三、单项选择题

1. 在门店推销中，推销人员接触的顾客大多是主动性光顾，这类顾客的主要目的是（　　），获取"打折"等优惠信息，当然也有的就是漫无目的地打发时间。
   A. 挑选和查看产品　　　　　　　　B. 购买产品
   C. 随便看看产品　　　　　　　　　D. 购买和查看产品
2. 门店推销是顾客已经走进你的（　　），但是顾客能否带走满意的产品则存在着很多关键性因素。
   A. 店面　　　B. 领地　　　C. 地盘　　　D. 家
3. 为了防止顾客眼花缭乱，推荐产品最好限定在（　　）件。
   A. 1~2　　　B. 2~3　　　C. 3~4　　　D. 4~5
4. 门店推销人员不应具有的行为是（　　）。
   A. 耐心服务　　B. 以貌取人　　C. 主动询问　　D. 微笑待人
5. 购买目标模糊的顾客进门店的目的在于（　　）。
   A. 寻找恰当合适的产品
   B. 打发时间
   C. 直接奔向相关销售区域，买走产品
   D. 捕捉"机会"，看能否买到"优惠"产品

四、多项选择题

1. 柜台售货需要推销人员面带微笑，为顾客提供（　　）的服务，积极主动招揽顾客，准确识别顾客的购买信号，为顺利成交做好准备。
   A. 热情　　　B. 细致　　　C. 良好　　　D. 周到
2. 以下是门店推销特点的有（　　）。
   A. 顾客主动性接近　　　　　　　　B. 顾客有购买意识
   C. 购买具有不确定性　　　　　　　D. 顾客购买安全性
3. 营业员收取钱款或取货单后，应再仔细核对一下产品的信息，如检查（　　），查看有无破损、油污、跳线的信息。
   A. 质量　　　B. 货号　　　C. 尺码　　　D. 样式

任务二　门店推销的技巧和策略

一、填空题

1. 购买目标模糊的顾客进门店的目的在于_____。
2. 对于购买目标明确的顾客，在他们进店前_____到底要买什么样的商品。
3. 推销人员可以搭_____，可趁机"顺带"推荐配套相关产品。
4. 营业员要随时了解顾客的_____，通过观察、询问辨认顾客的购买需求，增强说服力度，压缩顾客每次交易时间，提高交易达成率。
5. 没有购买目标的顾客，不代表没有_____。

二、判断题

1. 收银唱收是不重要的，推销人员根本不必在乎。（　　）
2. 对于购买目标模糊的顾客，推销人员应该让这类顾客尽情地、随心所欲地浏览，不要急着上前推销。（　　）
3. 购买目标明确的顾客，推销人员不用理会他们的提问，只要等他们选择好产品付款就可以了。（　　）
4. 门店推销的策略中没有提高推销技能、压缩单次交易的时间。（　　）
5. 有明确的购买动机，但是对究竟买哪一种心里并不是很清楚等特点的这类顾客是没有购买目标这类型的顾客。（　　）

三、单项选择题

1. 以下选项中哪一项不是门店顾客的类型？（　　）。
   A. 购买目标明确的顾客　　　　　B. 购买目标模糊的顾客
   C. 购买目标稍明确的顾客　　　　D. 没有购买目标的顾客
2. 对于购买目标模糊的顾客，以下哪种做法是正确的？（　　）。
   A. 不理睬这类顾客，继续做生意
   B. 对于这类顾客的提问不作回答
   C. 不耐烦地回答这类顾客提出的问题
   D. 在适当的时机询问这类顾客的需求
3. 门店推销的策略中哪一项是能增强说服力度的？（　　）。
   A. 做好开张和收尾工作
   B. 提高营销节能，压缩单次交易时间
   C. 收银唱收
   D. 提高接待多个顾客的能力，有效应对客流高峰
4. 要实现营业时间效率最优化，包括下列哪一项？（　　）。
   A. 降低推销技能
   B. 随意地选择顾客
   C. 提高接待多个顾客的能力，有效应对客流高峰
   D. 怠慢顾客
5. 收银唱收是最重要的一步，它的好处是以下哪一项？（　　）。
   A. 为了和顾客聊天　　　　　　　B. 防止顾客事后引起纠纷
   C. 可以提高销售员的胆量　　　　D. 让顾客感到心情愉快

四、多项选择题

1. 按照购买目标清晰与否，门店顾客分为哪几种类型？（　　）。
   A. 购买目标明确的顾客　　　　　B. 购买目标模糊的顾客
   C. 对目标可买可不买的顾客　　　D. 没有购买的顾客
2. 门店推销的策略中，以下哪些是其策略？（　　）。

A. 做好开张和收尾工作 B. 收银唱收
C. 不能提高接待多个顾客的能力 D. 提高推销技能,压缩单次交易的时间
3. 做好开张和收尾工作是较为重要的,以下哪些选项不是它的好处?(　　)。
A. 可以图个吉利,好兆头 B. 对推销人员来说可有可无
C. 开张的第一单不重要 D. 不能提高销售额

项目七

电话推销

任务一　电话推销礼仪

一、填空题

1. 当电话铃响超过_____声后拿起，超过_____声需要致歉。
2. 第一个接起电话的人，先需要_____。
3. 通话时间不宜过长，通常控制在_____分钟内为宜。
4. 推销人员拨错电话的时候，应主动_____，并说明缘由。
5. 挂机前要向_____告别。

二、判断题

1. 推销人员接通电话时要先报上姓名。　　　　　　　　　　　　　　（　　）
2. 通话语速要适中。　　　　　　　　　　　　　　　　　　　　　　（　　）
3. 铃响五声后接电话。　　　　　　　　　　　　　　　　　　　　　（　　）
4. 相对而言，电话推销可以降低推销成本。　　　　　　　　　　　　（　　）
5. 电话沟通易被打断。　　　　　　　　　　　　　　　　　　　　　（　　）

三、单项选择题

1. 电话推销的缺点是（　　）。
   A. 易被打断　　　　　　　　　　B. 发挥不了推销人员的价值
   C. 浪费话费　　　　　　　　　　D. 效率低下
2. 电话推销的优点是（　　）。
   A. 缺乏信息的感染力　　　　　　B. 受电话普及率影响
   C. 打破地域限制　　　　　　　　D. 减少人力需求
3. 拨错电话需要（　　）。
   A. 直接挂掉　　B. 继续聊　　　C. 道歉后挂断　　　D. 向他们推销自己

4. 拨打电话时，要注意（   ）。
   A. 简洁说明拨打目的   B. 先推销自己
   C. 先推销公司   D. 先推销产品
5. 电话沟通时需要注意（   ）。
   A. 注重语气   B. 缓慢仔细地说明事情
   C. 通话时间   D. 是否到达预约时间

四、多项选择题

1. 通话过程中需注意（   ）。
   A. 坐姿端正，面带微笑   B. 不停下手中工作，最大化效率
   C. 语调沉稳有力   D. 语速适中
2. 以下不属于电话推销缺点的是（   ）。
   A. 推销易被打断   B. 沟通双向性
   C. 提高效率，方便沟通   D. 缓解推销压力
3. 结束通话的必要工作是（   ）。
   A. 致谢   B. 寒暄   C. 挂机   D. 记下顾客信息

任务二　电话推销的技巧和策略

一、填空题

1. 所谓_____，即打开顾客的心门，通过简短话语能使顾客的心思停留在电话内容上。
2. 电话推销的策略有电话推销不可耗时、避免让顾客重复信息、掌握主动权、_____。
3. 收集客户资料的途径有电话黄页、网络查询、_____、会议索取、索取名片、报纸杂志、关系网络、顾客转介绍、向专业公司购买等。
4. 如果顾客提出了比如产品报价、产品规格型号等细节问题，可以通过给顾客_____、传真、快递的方式提供，更显得电话推销干练有效。
5. 电话推销不能完全做到一次就实现购买成功，要注意适时跟进、_____。

二、判断题

1. 电话推销一般只是约访的前期工作。　　　　　　　　　　　　　　　（   ）
2. 避免让顾客重复信息属于电话推销的策略。　　　　　　　　　　　　（   ）
3. 电话推销中我们应注意避免让顾客重复信息。　　　　　　　　　　　（   ）
4. 当推销人员收集到的资料不全时，无法判断具体的决策人，可以按客户资料把电话打到决策人的上一级领导那里。　　　　　　　　　　　　　　　　　　（   ）
5. 电话推销人员应掌握被动权。　　　　　　　　　　　　　　　　　　（   ）

三、单项选择题

1. 如何缓解自己拨错电话的尴尬？（   ）。

A. 将错就错　　　　　　　　　　B. 主动道歉，说明缘由
　　C. 直接挂电话　　　　　　　　　D. 像熟人一样聊天
2. "您好，郑美丽小姐，我是电信公司的范漂亮，是您的朋友李帅气建议我给您打电话的，您现在说话方便吗？"这一开场白运用的方法是（　　）。
　　A. 勾起好奇心法　　　　　　　　B. 施压法
　　C. 请教问题法　　　　　　　　　D. 借用熟人法
3. 下列选项中，哪一项是电话推销的缺点？（　　）。
　　A. 提高效率，方便沟通　　　　　B. 降低推销成本
　　C. 受电话普及率影响　　　　　　D. 提高推销成本
4. 下列哪一项不属于电话推销的策略？（　　）。
　　A. 避免让顾客重复信息　　　　　B. 掌握主动权
　　C. 掌握被动权　　　　　　　　　D. 保持联系
5. 以下哪一项不是电话推销前的准备工作？（　　）。
　　A. 推销人员物品准备　　　　　　B. 手机顾客资料
　　C. 找出决策人　　　　　　　　　D. 找准目标准顾客

四、多项选择题

1. 电话推销中应注意的事项有（　　）。
　　A. 内容简洁明了　　　　　　　　B. 避免让顾客重复信息
　　C. 电话推销不可耗时　　　　　　D. 直接进入主题
2. 下列属于搜集顾客资料的是（　　）。
　　A. 电话黄页　　　　　　　　　　B. 索取名片
　　C. 报纸杂志　　　　　　　　　　D. 向专业公司购买
3. 下列属于找出决策人策略的是（　　）。
　　A. 个人私事　　　　　　　　　　B. 熟人或朋友
　　C. 直接致电高层领导　　　　　　D. 和前台接待套近乎

项目八

处理顾客异议

任务一 认识顾客异议

一、填空题

1. 顾客异议又称推销障碍,是指准顾客在与推销人员接触过程中对介绍内容存有疑虑或对具体内容、条款不认同甚至反对而变现出来的语言、_____和行为的总称。
2. 合理对待顾客异议的措施有欢迎并鼓励顾客提出异议、宽容地对待顾客,认真倾听并尊重顾客的异议、顾客异议需适时答复和_____。
3. 从顾客异议性质区分,顾客异议的类型可分为真实异议、虚假异议和_____。
4. 顾客异议的成因可分为顾客方面的原因、推销产品方面的原因、_____和生产企业方面的原因。
5. 推销产品方面的原因可分为推销产品的质量、价格、品牌、包装和_____这五个方面的原因。

二、选择题

1. 以下哪些是属于根据异议来源区分的?(   )。
   A. 真实异议   B. 推销人员异议   C. 虚假异议   D. 来自顾客方的异议
2. 虚假异议产生的原因有哪些?(   )。
   A. 顾客无权或无足够的资金做出购买决定
   B. 顾客不信任推销人员或对推销活动有偏见
   C. 顾客的需求自身不明确,或根本没意识到
   D. 顾客已购买到产品,验证是否吃亏,来探听虚实
   E. 顾客没空余时间考虑产品,借以打发推销人员
3. 顾客的偏见或成见属于顾客异议成因的哪种?(   )。
   A. 顾客方面的原因   B. 推销产品方面的原因
   C. 推销人员方面的原因   D. 生产企业方面的原因

4. 推销产品方面的原因包括哪些？（　　）。
   A. 质量　　　B. 价格　　　C. 品牌　　　D. 生产地
   E. 包装　　　F. 售后服务
5. 顾客无权或无足够资金做出购买决定，属于哪种类型异议？（　　）。
   A. 真实异议　　B. 虚假异议　　C. 推销人员异议　　D. 破坏性异性

任务三　顾客异议的处理原则、策略及技巧

一、填空题

1. 顾客异议处理的原则有_____、尊重顾客、及时答复、顾客受益和维护顾客颜面。
2. 处理顾客异议的策略有巧妙处理价格异议、_____和科学处理购买时间异议。
3. 强调优质优价、认同价值后再谈价格、_____、妥协策略是巧妙处理价格异议的措施。
4. 坚定不移寻找切入点、_____、提供例证和打包票试用是恰当处理货源异议的4个措施。
5. 科学处理购买时间异议的三个措施有：早买早受益、良机激励法和_____。

二、单项选择题

1. 推销过程是一个相互沟通、相互理解和尊重的过程，推销人员与顾客在人格上是平等的，由于买方和卖方利益着眼点不同，同一问题会产生不用的看法，因此在推销异议中，推销人员应遵循什么原则？（　　）。
   A. 客观公平对待　B. 尊重顾客　　C. 及时答复　　D. 顾客收益
   E. 维护顾客颜面
2. 处理顾客异议的主要基本策略有哪些？（　　）。
   A. 巧妙处理价格异议　　　　B. 恰当处理货源异议
   C. 科学处理购买时间异议　　D. 对其不予理睬
3. 推销人员为了抵消顾客对产品的异议，可提供必备的客观证明来证明自己的产品质量稳定、进货渠道合法，这一行为属于下列哪种措施？（　　）。
   A. 坚定不移，寻找切入点　　B. 鼓励对方尝试
   C. 提供例证　　　　　　　　D. 打包票试用
4. 推销人员用诙谐幽默的语言"刺激"顾客做出决定，这一行为属于下列哪种措施？（　　）。
   A. 早买早受益　B. 反击法　　C. 良机激励法　　D. 量体裁衣法

任务二　顾客异议的处理方法

一、填空题

1. 顾客异议的处理方法有：直接否定法、间接否定法、抵消处理法、转化处理法、沉默处理法、自我发难法、_____和定制处理法。

2. 直接否定法又称_____,是指推销人员根据比较明显的事实与充分的理由,对顾客的异议进行正面的全盘否定的一种处理异议的方法。
3. 间接否定法只适用于_____,如对产品缺乏系统了解,而引起的偏见、误解等。
4. 抵消处理法的优点是有利于构建和谐的推销气氛、_____和凸显推销重点。
5. 转化处理法的缺点是顾客容易抵触和_____。

二、选择题

1. 以下哪些属于直接否定法的优点?(　　)。
   A. 增强说服力度　　　　　　　B. 省时高效
   C. 直接传送商品信息　　　　　D. 构建和谐融洽的推销气氛
2. 以下哪种适用于各种不确定性的有效异议?(　　)。
   A. 问题引导处理法　　　　　　B. 自我发难法
   C. 沉默处理法　　　　　　　　D. 转化处理法
3. 以下哪种适用于各种与购买无关的异议?(　　)。
   A. 问题引导处理法　　　　　　B. 自我发难法
   C. 沉默处理法　　　　　　　　D. 转化处理法
4. 以下哪种处理方法会导致顾客产生消极情绪?(　　)。
   A. 直接否定法　　　　　　　　B. 间接否定法
   C. 抵消处理法　　　　　　　　D. 转化处理法
5. 以下哪种处理方法会增加顾客的购买压力?(　　)。
   A. 抵消处理法　　　　　　　　B. 自我发难法
   C. 沉默处理法　　　　　　　　D. 直接否定法

推销成交

任务一　成交信号的捕捉

一、填空题

1. 在推销活动的整个过程中，_____是重要步骤之一，它是整个推销工作的最终目的，其他步骤是为其服务的。
2. 所谓_____，是指顾客接受推销人员的购买建议及购买提示并迅速做出购买推销产品的行动过程。
3. 所谓成交信号，是指顾客在决定购买推销产品的时候，从语言、面部表情、身体行为上会有一种下意识的_____，推销人员只需及时捕捉到，就可以顺带促成交易。
4. 当顾客对产品抱有好感时，_____一般是最先流露的，推销人员可以据此辨别顾客的购买意愿。
5. 行为信号是指：一个顾客在从没兴趣到有兴趣，再到愿意做出购买行为的过程中，其_____会透露出一些对成交有价值的信息。

二、判断题

1. 顾客接受推销人员的推荐和劝说的程度，关键取决于是否成交。　　　　（　　）
2. 顾客购买产品，只是推销过程的最终成果体现。　　　　　　　　　　　（　　）
3. 所谓推销成交，是指顾客接受推销人员的购买建议及购买提示并迅速做出购买推销产品的行动过程。　　　　　　　　　　　　　　　　　　　　　　　　　（　　）
4. 在推销活动的整个过程中，促成交易是重要步骤之一，它是整个推销工作的最终目的，其他步骤都是为其服务的。　　　　　　　　　　　　　　　　　　　（　　）
5. 当顾客对产品抱有好感时，表情语言一般是最后流露的。　　　　　　　（　　）

三、单项选择题

1. 以下哪一个是推销成交的含义？（　　　）。

A. 成交是化解顾客异议、水到渠成的过程
B. 成交是化解顾客异议、水到渠成的结果
C. 成交是化解顾客异议、水到渠成的开始
D. 成交是化解顾客异议、水到渠成的必要

2. 下列哪个不是成交信号的种类？（　　）。
    A. 表情信号　　　B. 行为信号　　　C. 语言信号　　　D. 外貌信号
3. （　　）是顾客表达自己内心想法的主要工具。
    A. 语言　　　　　B. 动作　　　　　C. 表情　　　　　D. 穿着
4. 顾客购买产品，只是推销过程的第一成果，体现的是推销含义中的哪一个？（　　）。
    A. 成交是检验推销人员是否推销成功的分水岭
    B. 成交是化解顾客异议、水到渠成的结果
    C. 成交并不是推销活动的终结，而是新的推销活动的开始
    D. 成交是让推销人员获得成就感的方式
5. 当顾客对产品抱有好感时，（　　）是最先流露的。
    A. 语言　　　　　B. 动作　　　　　C. 表情　　　　　D. 语言

四、多项选择题

1. 成交信号的种类有（　　）。
    A. 表情信号　　　B. 行为信号　　　C. 动作信号　　　D. 外貌信号
2. 以下哪几种情况可表明顾客愿意做出购买行为？（　　）。
    A. 顾客的眼睛紧紧盯住某一产品
    B. 顾客面带微笑且表情轻松
    C. 顾客眉头紧锁后又舒展
    D. 顾客眼睛向下看，似乎在思索什么
    E. 顾客频频点头表示同意推销人员的观点
    F. 顾客态度比刚才友善
    G. 嘴唇微动，好像要说话的样子，却又没说
3. 语言信号里，以下哪几个属于成交信号？（　　）。
    A. 顾客把玩产品，拨通了电话
    B. 边看说明书边提出疑问
    C. 仔细询问交易方式、交货时间和付款条件
    D. 仔细咨询具体的操作规则
    E. 对产品赞不绝口

任务二　促成交易的方法和策略

一、填空题

1. _____是成交法中最基本、最简单、最常用的一种成交方法。
2. _____是指推销人员向顾客提供一个有效的选择范围，一般提供一种或两种以上

可供选择的购买方案，由顾客选择其中一种，并要求顾客立即购买。

3. ＿＿＿＿是指推销人员利用处理顾客异议的时机，直接向顾客传达购买信息并要求顾客立即购买的一种成交方法。

4. ＿＿＿＿是指推销人员通过向顾客提供各种成交保证来促使顾客快速成交的一种方法。

5. ＿＿＿＿是指顾客尚未明确提出成交，甚至顾客仍持有疑问时，推销人员就假定顾客已接受推销建议而直接要求其购买的成交方法。

二、判断题

1. 推销人员要尊重和理解顾客的购买行为，学会换位思考，善待每一位顾客。（   ）
2. 通常情况下，假定成交法会收到意想不到的成交效果，可以让顾客快速地买走产品。（   ）
3. 有的顾客购物很理性，对于任何优惠活动都保持高度警惕，只对厂家优惠活动领情。（   ）
4. 成交策略是促成交易活动的基本战术，适用于各种产品或者服务的推销活动。（   ）
5. "不管白猫黑猫，能抓到老鼠的就是好猫"，只要能促成交易，各种方法都可以尝试。（   ）

三、单项选择题

1. （   ）有一种推动力，是推销人员推动顾客接受产品的行为，推销人员可以占据主导位置让顾客顺着推销人员的节奏完成购物行为。
   A. 请求成交法　　B. 假定成交法　　C. 选择成交法　　D. 小点成交法
2. 当顾客对产品发出明确购买信号时，推销人员就应该针对顾客异议进行巧妙地（   ），让顾客意识到产品的其他优点，同时配合其他策略，消除顾客异议。
   A. 周旋　　　　　B. 解答　　　　　C. 施压　　　　　D. 提问
3. 小点成交法主要是利用给顾客（   ）的原理，使顾客在处理一些细小问题时心理压力比较小，因此答应起来比较容易。
   A. 施压　　　　　B. 减压　　　　　C. 贪便宜　　　　D. 猎奇
4. （   ）能给顾客留下非常深刻的直观印象，让顾客加深对推销产品的了解，增强其购买信心。
   A. 试用成交法　　B. 选择成交法　　C. 大点成交法　　D. 最后成交法
5. 推销人员在整个推销活动中是作为（   ）出现的，事先按照设计的"剧本"框定出大致的成交范围。
   A. 演员　　　　　B. 路人　　　　　C. 导演　　　　　D. 编剧

四、多项选择题

1. 成交策略是促成交易活动的基本战术，一般常用的成交策略主要有（   ）。
   A. 保持积极的心态，培养正确的成交意识

B. 提防第三者"搅局"
C. 保留余地，择时促成交易
D. 不放过任何一个成交机会

2. 直接成交法是成交法中最基本、最简单、最常用的一种成交方法，它的优点有（　　）。
   A. 提高成交率　　　　　　　　B. 节省推销时间
   C. 检验推销人员的推销意识　　D. 隐藏推销力量

3. 假定成交法适用于（　　）的顾客。
   A. 性格比较强硬　　　　　　　B. 依赖感较强
   C. 关系较好　　　　　　　　　D. 性格柔弱

任务三　客户关系的维护

一、填空题

1. 企业应根据产品特点的条件不同，制定适宜的_____方法，真正为顾客提供方便，降低顾客的风险。
2. 所谓客户关系，是指推销人员为了不断获取新的订单或_____，主动与现有顾客建立起的和谐联系。
3. 三包服务是指包_____、_____、_____。
4. 在产品签订合同之前，要对客户的_____和_____做好资信审查。
5. 回款中要和拍板人以及相关人士保持良好的_____。

二、判断题

1. 企业若是能提供送货上门服务，可大大方便顾客，刺激顾客购买。（　　）
2. 包装服务的用途没有差异。（　　）
3. 一般大宗购物，都用现金支付。（　　）
4. 成交后续跟踪的内容有四大项。（　　）
5. 推销人员掌握一定的收款技巧，有利于货款回收。（　　）

三、单项选择题

1. 成交有几层含义？（　　）。
   A. 一层　　B. 二层　　C. 三层　　D. 四层
2. 成交后的后续跟踪内容有几项？（　　）。
   A. 一项　　B. 两项　　C. 三项　　D. 四项
3. 售后服务有哪几项要求？（　　）。
   A. 三项　　B. 四项　　C. 五项　　D. 六项
4. 以下哪个不是三包服务中的一项？（　　）。
   A. 包装　　B. 包换　　C. 包修　　D. 包退
5. 以下哪种不是与顾客保持联系的方法？（　　）。

A. 信函   B. 走访   C. 手机短信   D. 店面面谈

四、多项选择题

1. 三包是指哪三包？（　　）。
   A. 包换   B. 包退   C. 包修   D. 包装
2. 双方签订合同之后，钱款有哪几项可能？（　　）。
   A. 钱款两清   B. 货到付款
   C. 回收尾款   D. 双方约定分阶段付款
3. 成交后续跟踪内容包括（　　）。
   A. 回收尾款   B. 售后服务   C. 客户关系维护   D. 三包服务

项目十

推销人员职业规划

任务一 推销人员的选拔和培训

一、填空题

1. 企业有三种类型的员工需要培训：一是_____，培训的目的是_____；二是_____，培训的目的是_____；三是_____，培训的目的是_____。

2. 推销培训的流程通常可分为五个阶段：_____；_____；_____；_____；_____。

3. 尽管企业通过招聘的方式招收到新的员工，但是为了使这些脱颖而出地员工能快速的适应岗位要求，达到快速上岗，还需对他们进行培训，通常来说企业实施培训的作用主要表现在：_____、_____、_____、_____。

4. _____是整个培训过程的最后一个环节，也是非常重要的一道程序，它在某种意义上决定了培训是否达到了预期效果。

5. 制订培训计划的步骤：1. _____ 2. _____ 3. _____ 4. _____ 5. _____。

二、判断题

1. 培训效果评估是整个培训过程的最后一个环节，也是非常重要的一道程序，它在某种意义上决定了培训是否达到了预期效果。（　　）

2. 服务永无止境，只有加强对推销人员的培训，推销人员才能正确认识到自身的差距，积极寻找各种方法提高服务质量，服务质量好坏就是培训的最好见证。（　　）

3. 岗前培训是指在工作现场内，主管或技能娴熟的老员工对下属、管理员工和新员工们通过日常的工作，对必要的推销知识、销售技能、工作方法等进行教育的一种培训方法。（　　）

4. 记录报告法是指培训需求调研人员在工作现场对被调查者的情况进行直接观察、记录，以便发现问题从而获得培训需求信息的一种方法。（　　）

5. 培训的方法有很多种：讲授法、演示法、讨论法、视听法、观察法、单项工作训练法等。（ ）

三、单项选择题

1. （ ）是抽取未参训的推销人员和参训的推销人员对比，如果参训的推销人员的成绩大于前者，则可以说明培训有效果。
   A. 前后对比法   B. 相对评价法   C. 现场检测   D. 上下级反馈

2. 设定一个最接近当前状况的教育环境，指定参加者扮演的角色，借助角色的演练来理解角色的内容，从而提高主动地面对现实和解决问题的能力的方法，这是（ ）。
   A. 演示法   B. 单项工作训练法   C. 角色扮演法   D. 个案研究法

3. （ ）是利用书或影片，将实际或想象的情况用比较详细的方式描述出来。
   A. 个案研究法   B. 角色扮演法   C. 视听法   D. 演示法

4. （ ）是培训效果的检验依据，关系到企业培训的成效，它对企业培训工作的作用非常重要，企业可以通过以下方法收集培训信息，确定培训需求。
   A. 培训需求分析   B. 培训效果分析
   C. 培训计划   D. 培训内容

5. （ ）是对推销工作中某一特定的内容、事件而进行的培训，一般公司推出新产品或要进行某一特定活动的时候，会召集大家来进行共同的探讨，来提高大家对其的重要程度。
   A. 岗前培训   B. 在职培训   C. 专题培训   D. 脱产培训

四、多项选择题

1. 业务能力测试因用人单位不同，测试的方法也不同，大体可以分为（ ）。
   A. 知识能力测试   B. 心理测试
   C. 体能测试   D. 性格测试

2. 下列属于推销人员的甄选的有（ ）。
   A. 发布招聘信息   B. 筛选求职者简历
   C. 组织面试   D. 进行业务能力测试

3. 培训的作用有（ ）。
   A. 树立信心   B. 提高技能
   C. 提高销售业绩   D. 稳定推销队伍

4. 培训的分类有（ ）。
   A. 岗前培训   B. 在职培训
   C. 准提培训   D. 脱产培训

5. 培训效果评估的方法有（ ）。
   A. 上下级反馈   B. 现场检测
   C. 相对评价法   D. 管理者评估
   E. 参训者评估

任务二 推销人员的职业发展

一、填空题

1. 推销人员薪酬设计应遵循的原则：_____，_____，_____，_____，_____。
2. 推销人员的收入一般包括基本报酬、工资补助、其他福利等费用。虽然不同企业薪酬各不一样，但大体上还是可以分为三种形式：_____；_____；_____。
3. _____，是指推销人员的收入直接和业绩挂钩，一般衡量的标准有销售业务完成量、回笼货款金额等指标。
4. 激励推销人员大体可划分为_____激励和_____激励。
5. 混合性薪酬制度可分为_____、_____、_____。

二、判断题

1. 企业为推销人员提供电脑、打印机设备、空调、食宿等便利条件，是企业对推销人员的物质激励。（ ）
2. 固定薪酬计划主要适用于需要集体努力的推销工作；企业需要控制人工成本，公司刚成立，业绩难以量化考核。（ ）
3. 纯佣金制的优点是激励作用较强，业绩越多，收入越多；自动清除不合格推销人员；销售成本易于掌控。（ ）
4. 奖励薪酬制是一项极具挑战性的工作，推销人员在工作中相对要遇到更多的挫折，因此容易感到沮丧，并丧失信心。（ ）
5. 目标激励是通过竞赛的方式对获胜的队伍或个人予以精神上或物质上的奖励，如发奖状和奖金等。（ ）

三、单项选择题

1. 企业的薪酬制度应该公开透明，推销人员可以根据薪酬政策计算出自己的应得工资。这是推销人员薪酬设计的（   ）。
   A. 公平性   B. 激励性   C. 经济性   D. 透明性
2. （   ）是指，无论多少销售额，推销人员在固定时间内都可获得固定数额的薪酬，即所谓的记时制。
   A. 固定薪酬制度   B. 纯佣金制
   C. 混合性薪酬制度   D. 底薪提成制
3. （   ）是指企业为推销人员提供一种良好的工作氛围，改善办公条件、灯光设施、提高居住或工作舒适度，使推销人员心情愉快地开展工作。
   A. 环境激励   B. 物质激励   C. 职务晋升   D. 目标激励
4. （   ）是一个十分有效且非常常用的激励方法，它是指划定一个推销人员只需努力就可实现的销售指标，激发推销人员潜能，可以快速提高公司业绩。
   A. 模范标兵   B. 环境激励   C. 销售竞赛   D. 目标激励

5. 本企业与竞争对手企业薪酬公平性，体现了推销人员薪酬设计应遵循（　　）。
   A. 公平性　　　　　B. 激励性　　　　　C. 合法性　　　　　D. 透明性

四、多项选择题

1. 推销人员薪酬设计应遵循的原则有（　　）。
   A. 公平性　　　　　B. 激励性　　　　　C. 合法性　　　　　D. 透明性
   E. 经济性
2. 推销人员的薪酬类型有（　　）。
   A. 固定薪酬制度　　　　　　　　　B. 纯佣金制
   C. 混合性薪酬制度　　　　　　　　D. 底薪提成制
3. 以下缺点是纯佣金制的有（　　）。
   A. 推销人员收入欠稳定，心态不稳，对企业忠诚度差
   B. 重量不重服务，易引起顾客投诉
   C. 缺乏激励作用
   D. 增加管理难度
4. 固定薪酬制度适用于哪几种情况？（　　）。
   A. 需要集体努力的推销工作
   B. 见习期、培训期、试用期
   C. 公司成立，业绩难以量化考核
   D. 企业需要控制人工成本时
5. 属于混合薪酬制度的有（　　）。
   A. 底薪提成制　　　　　　　　　　B. 奖励薪酬制
   C. 底薪提成加奖金　　　　　　　　D. 固定薪酬制

任务三　推销人员的职业生涯设计

一、填空题

1. 绩效考评，是指按照企业设定的＿＿＿＿、＿＿＿＿、＿＿＿＿、＿＿＿＿、＿＿＿＿等考核指标，采用适当的考评方法，评定推销人员的工作任务完成情况、工作职责履行程度及推销人员的发展情况，并将上述评定结果反馈给推销人员的一些过程，＿＿＿＿是绩效考核和评价的总称。
2. 推销人员绩效考评的原则有＿＿＿＿、＿＿＿＿、＿＿＿＿、＿＿＿＿。
3. 人员考评的方式有＿＿＿＿、＿＿＿＿、＿＿＿＿、＿＿＿＿。
4. 绩效考评的方法有＿＿＿＿、＿＿＿＿、＿＿＿＿、＿＿＿＿、＿＿＿＿、＿＿＿＿。
5. ＿＿＿＿是根据被考评的推销人员完成工作目标的情况来进行考核的一种绩效考评方式。

二、判断题

1. 没有绩效考评就没有惩罚，没有惩罚就没有控制，没有控制就没有管理，因此绩效

考评很重要。   (   )

2. 推销人员绩效考评的最终目的是提高企业的整体销售业绩，因此对销售人员的考评指标要设置参数，凸显对销售任务完成量的考核，这是推销人员绩效考评的公平公正原则。
                                                    (   )

3. 考核的目的不是责罚推销人员而是为了提高他们的工作技能，引导其朝着正确的方向而努力，只有将考核结果和员工反馈，推销人员才会知道自己的工作出现了哪些偏差，才能有针对性地改善。   (   )

4. 在一个考评周期前，考评人与被考评人要共同讨论制定一个双方都能接受的"考评指标"，明确考评内容、数量、质量等详细信息，以此作为考评依据，如本月销售量、本季度销售总数等。   (   )

5. "重要事件"是指被考评人的优秀表现和不良表现，对这些表现要形成书面记录，对普通的工作行为也要进行记录。   (   )

三、单项选择题

1. 由于每位员工都有不同的特点，标准化的考评方式则忽略了差异性，将员工等齐划一，不利于考评结果的客观性，（   ）有效地弥补了这个缺陷。
   A. 书面评价法   B. 重要事件法
   C. 小组评价法   D. 相对比较法

2. （   ）是对相同等级推销人员进行考核的一种方法。在考评之前，首先要确定考评的模块，但是不确定要达到的工作标准。
   A. 等级评估法   B. 目标考评法
   C. 序列比较法   D. 相对比较法

3. 比如"工作态度"部分的考评，是哪一种评价方式？（   ）。
   A. 目标考评   B. 自我评价
   C. 组员互评   D. 上级考评

4. （   ）中，考评人是被考评推销人员的管理者，多数情况下是被考评人的直接上级，适合于考评"重要工作"和"日常工作"部分。
   A. 目标考评   B. 自我评价
   C. 组员互评   D. 上级考评

5. 扣发部分奖金、取消相应的奖励，不能流于形式。这说明了推销人员绩效考评的（   ）。
   A. 公平公正   B. 赏罚分明
   C. 及时反馈   D. 指标明确

四、多项选择题

1. 推销人员绩效考评的原则有（   ）。
   A. 公平公正   B. 赏罚分明
   C. 及时反馈   D. 指标明确

2. 企业采用多种方式进行考评，可以有效地减少考评误差，提高准确度。一般常见的考评方法有（　　）。
- A. 目标考评
- B. 自我评价
- C. 组员互评
- D. 上级考评

3. 下列哪些是绩效考评的方法？（　　）。
- A. 等级评估法
- B. 目标考评法
- C. 序列比较法
- D. 相对比较法

4. 下列哪些是绩效考评的方法？（　　）。
- A. 前后对比法
- B. 重要事件法
- C. 小组评价法
- D. 相对比较法

5. 下列哪些是绩效考评的方法？（　　）。
- A. 等级评估法
- B. 目标考评法
- C. 个案研究法
- D. 相对比较法

技能训练篇

民族叫术论

项目一

推销人员基本功训练

实训目标

1. 认清自己的优势、劣势、调整好心态，消除对推销工作的恐惧感。
2. 敢于在陌生人面前说话，磨炼推销人员的业务能力、心理承受能力。
3. 熟悉推销方格类型，掌握方格代表人物特点。
4. 熟练使用两种以上的推销模式，能够基本胜任推销工作。

任务要求

1. 组建任务团队，进行自我剖析，通过他人的帮助找出自己的优缺点。
2. 在陌生人面前敢于大声说话、能够承受住陌生人到言语打击。
3. 做好心情调适，学会在困境中缓解压力。

技能（知识）点

1. 熟悉推销职业道德素质考核要求。
2. 提升推销自信力。
3. 认知推销方格类型。
4. 熟记推销模式。

综合实训训练

任务1.1 认知自己的优势

【他山之石】如何用一句话向大家介绍自己。"重复是最好的记忆方式"，因此介绍名字的时候，应语速缓慢，告诉大家你的名字是由哪几个字组成的，代表什么含义，这样就给大家加深了印象，便于大家熟悉你。做推销工作，能让大家记住你的名字非常有意义。如张海光,可以说弓长张,大海的海,光明的光,这么介绍远比"我叫张海光"效果好得多。

表 1.1 自我认知表

姓名:_____ 用一句话介绍自己的姓名_____
_____

个人爱好及特长:_____
优点:_____
_____
_____
_____

缺点:_____
_____
_____
_____

选择营销职业的理由:_____
_____
_____
_____
_____

个人激励语句:_____
_____

最喜欢的推销人员:_____
最崇拜的人及理由:_____
_____

表 1.2 正确认知别人(选择小组中的 1 人作为被认知对象)

被认知对象:_____ 选择的理由:_____
优点:_____
_____
_____
_____

缺点:_____
_____
_____

给你印象最深的一件事:_____
_____
_____
_____

他(她)具备哪些推销素质:_____
_____

※任务验收※

项目	分值	自我考核（40%）	小组考核（60%）	实际得分
任务理解能力	20 分			
任务分析能力	20 分			
任务解决能力	30 分			
团队配合能力	30 分			
合计	100 分			
小组排名				

任务1.2　提升自信力训练

1. 大声朗读并背诵

你有坚强的意志，
我有健康的体魄，
你有百折不挠的精神。
我有宽容的心态，
你有敏锐的思维，
我有努力拼搏的信念。
你有良好的人际关系，
我有虚心好学的习惯
你对未来充满了希望。
我正视并蔑视失败，
你渴望成功，
我一定能成功，
我坚信，我们能成为最棒的推销人员。

2. 撰写自我激励口号，要求朗朗上口，易于传播，至少六行。

_____
_____
_____
_____
_____
_____

3. 默写社会主义核心价值观：

_____
_____
_____
_____
_____
_____
_____

※任务验收※

项目	分值	自我考核（40%）	小组考核（60%）	实际得分
任务理解能力	20 分			
任务分析能力	20 分			
任务解决能力	30 分			
团队配合能力	30 分			
合计	100 分			
小组排名				

任务 1.3　承受心理压力测试

1. 小组内成员面带笑容地向本组其他成员推销："您好，这是××产品，请问您有需要吗？""顾客"应给予适当配合，装作很感兴趣。

"推销人员"要求声音洪亮（洪亮的标准是保证教室内所有学生都能听清楚，否则需要重新练习），注意叫卖的时候，眼睛要敢于直视"顾客"。

表 1.3　"顾客"认可你时，你的心理表现

你的感受：_____
_____

你如何看待"推销"：_____

你的表现哪些地方还需要改进：_____
_____

2. 介绍相同产品时，小组内其他成员要表示敌视，说些打击"推销人员"信心的话。如："走远点""不需要"等。

"顾客"要硬性装作不感兴趣，讨厌、抵触"推销"行为。

"推销人员"要求声音洪亮（洪亮的标准是保证教室内所有学生都能听清楚，否则需要

重新练习），注意叫卖的时候，眼睛要敢于直视"顾客"。

表 1.4 "顾客"拒绝时，你的心理表现

你的心理感受：_____

_____

_____

你如何看待"推销"：_____

你的表现哪些地方还需要改进：_____

_____

_____

3. 每个成员在校园内要面向陌生顾客面带微笑大声叫卖商品，如"快来买手套啊！"（每小组根据季节自行准备商品，在校园中摆摊叫卖）

考核要求：只重点考查学生有没有面向陌生顾客推销的勇气，考核次数：每人至少向 20 人次叫卖，业绩考核仅作参考。

表 1.5 面对陌生顾客，你的心理表现

刚开始自我感觉：A. 紧张　　B. 心跳加快　　C. 脸红　　D. 怕出丑　　E. 很自然

你的心理感受：_____

_____

喊出 5 人次后，你的感受：_____

_____

喊出 15 人次后，你的感受：_____

考核结束后，你的收获：_____

_____

4. 单人、集体分别在校外公交车站唱歌

歌曲任选，要求健康向上，声音最洪亮、表情最大方的同学获胜。最洪亮的小组、步调最一致的小组获胜。

表 1.6 在众人面前唱歌，你的心理表现

刚开始张口的时候：A. 太困难了　B. 不好意思　C. 脸红　D. 不敢张嘴　E. 声音很小　F. 自然

在大家的鼓励下，你的表现：A. 总算唱完了　　B. 紧张　　C. 太难了　　D. 很自然

集体演唱时：A. 浑水摸鱼　　B. 滥竽充数　　C. 坚定地唱完　　D. 自信

你的感受：_____

_____

_____

表 1.7 抗压力心情表

当被别人误解、埋怨时，你的感受：_____

_____

心情沮丧还要为大家表演时，你的感受：_____

_____

游戏做完，你的收获：_____

5. 吃苦耐劳训练

请独立打扫教室或寝室卫生,填写你用的时间;当天劳卫部给出的成绩分数;独立打扫的时候你的感受是什么?

请问你是否可以在五分钟或十分钟之内打扫干净?_____

6. 勤俭节约训练

以小组为单位,请将校园内所有垃圾桶中的饮料瓶子、报纸、废纸进行回收,按照回收的瓶子的个数、纸张的重量进行排序。

请问在集体回收废旧物品时,你最初的心灵感受是什么?

一开始的时候,请问你感觉 A. 羞愧 B. 难为情?你大约几分钟以后觉得很愿意接受此项挑战的?你小组的成绩是第几?通过本次训练,你最大的收获是?_____。

你认同劳动没有高低贵贱之分吗? A. 认同 B. 不认同。请解释你的选择:_____

你认为做一名推销人员,职业道德素质的高低,对今后从事推销工作的影响大吗?A. 大 B. 不大。请解释你的选择:_____。

※任务验收※

项目	分值	自我考核(40%)	小组考核(60%)	实际得分
任务理解能力	20 分			
任务分析能力	20 分			
任务解决能力	30 分			
团队配合能力	30 分			
合计	100 分			
小组排名				

任务1.4 推销方格训练

1. 人物:某顾客(1.9),推销人员(5,5)

地点:某服饰品牌专柜

情由:某顾客看中一件衣服,标价1 688元,底价1 380元

回答:某顾客(1.9),推销人员(5,5)各是什么类型?

2. 自我设计情景对话，要求符合各自特点。
推销人员：欢迎光临，请问你想买这款衣服吗？
顾客：_____
推销人员：_____
顾客：_____
推销人员：_____
顾客：_____
推销人员：_____
顾客：_____
推销人员：欢迎再次光临，您慢走_____
3. 推销方格（5，5）和顾客方格（1，9）产品：海尔1.5P空调
4. 自我设计情景对话，要求符合各自特点。
推销人员：欢迎光临，请问你想买空调吗？_____
顾客：_____
推销人员：_____
顾客：_____
推销人员：_____
顾客：_____
推销人员：_____
顾客：_____
推销人员：欢迎再次光临，您慢走_____

※任务验收※

项目	分值	自我考核（40%）	小组考核（60%）	实际得分
任务理解能力	20 分			
任务分析能力	20 分			
任务解决能力	30 分			
团队配合能力	30 分			
合计	100 分			
小组排名				

任务1.5 推销模式演练

1. 爱达模式

【他山之石】是一喊，二炫，三报价，四递送商品。
演练：卖烤年糕、爆米花、冰糖葫芦、电热水袋等产品，直到获得小组成员的认可。
喊：_____
炫：_____
报价：_____

递送商品：_____
2. 费比模式

【他山之石】一介绍，二夸赞，三强调，四证明

介绍：_____
夸赞：_____
强调：_____
证明：_____

3. "埃德帕"模式（IDEPA 模式）

【他山之石】一结合，二展示，三淘汰，四证实，五接受

结合：_____
展示：_____
淘汰：_____
证实：_____
接受：_____

4. 迪伯达模式

【他山之石】一询问二结合三证明四接受五激发欲望六递商品

询问：_____
结合：_____
证明：_____
接受：_____
激发欲望：_____
递商品：_____

※任务验收※

项目	分值	自我考核（40%）	小组考核（60%）	实际得分
任务理解能力	20 分			
任务分析能力	20 分			
任务解决能力	30 分			
团队配合能力	30 分			
合计	100 分			
小组排名				

※娱乐与学习※

《永不放弃》教你明白推销的含义，领会推销人员的职责

【剧情梗概】

【导　演】吉田健
【编　剧】寺田敏雄
【制作人】山崎恒成
【原　作】シェリー・ブレイデイ（Ten Things I Learned from Bill Porte）

【演　　员】　二宫和也、樋口可南子、加藤ローサ、渡辺いっけい、金田明夫、浅野和之、野村昭子、中岛ひろ子、堀部圭亮

【出品年】　2009年

　　仓泽英雄因为在刚出生时患上神经性小儿麻痹，导致运动能力受损，同时患有语言障碍，并且没有可能治愈。他爸爸是一个优秀的推销员，并且因为成绩突出常常受表彰，从小妈妈就以爸爸的话"'想做的事'跟'能做的事'是不同的"，并以"要变成跟你老爸一样的好男人"来鼓励他。英雄虽然取得营销专业文凭可找工作还是处处碰壁，在妈妈的不断鼓励下，好不容易得到一个见习推销员的机会，为一家公司推销滤水器。四处被拒绝之时，在一个老道商业人士的协助下，英雄靠"欺骗"方式卖出了两个产品，而同事对此却认为残疾的他不是靠能力推销出去的而靠的是博取顾客同情的方式，英雄虽然因此得以成为正式员工并拿到了提成，但对于欺骗别人始终觉得不安。勤奋努力的英雄在推销过程中得到了很多主妇的喜欢，同事的嫉妒让他知道了他能得到工作机会是因为妈妈不断低声下气地恳求社长，英雄埋怨妈妈不相信他，认为自己是累赘，争执过程中，妈妈突然晕倒了。医生告诉英雄，他妈妈是因为太辛苦而引发脑梗死。知道了妈妈默默为自己所做的一切，英雄决定努力工作，真正成为和父亲一样优秀的推销员。在英雄的努力下，他的业绩不断增长，也终于像父亲一样拿到了表彰状，当他把奖状拿给母亲看后回到公司，却被告知公司即将被解散……

　　失业的英雄怎么也不会想到是前任老板的再三请求使得他来到一家网络公司做化妆品的推销专员，但业绩停滞不前的局面促使他又一次想到"门到门"的上门推销方式，靠捕捉顾客的一个小细节入手，他又开拓了新的事业天地，他深情地告诉妈妈只要不断执着地努力，"想做的事"跟"能做的事"有时会是一样的。

资料来源：http://baike.baidu.com/view/307615.htm

【教师推荐】

　　这是一部励志电影，影片中我们在感叹母爱伟大的同时，也不得为英雄的努力、执着的精神所感动。我们有很多学习市场营销的学生，走上工作岗位后却不能安分守己地工作，工作开小差、为失误找借口的现象比比皆是，希望读者在英雄身上寻找到自身的差距，用实际行动证明给大家看——你是一个合格的推销员。选取本电影的目的，是告诉我们广大读者什么是推销人员的职业道德，做好一名推销人员具体需要哪些优良的品质。

推销礼仪训练

实训目标

1. 要求学生正确掌握推销礼仪技能要求。
2. 掌握标准的站、立、行、走、坐姿。
3. 熟练掌握送访礼仪、服饰礼仪等相关内容要求。
4. 优化服务意识,提升个人魅力。

任务要求

1. 掌握推销人员妆容礼仪、饰品礼仪,学会正确系领带、丝巾。
2. 掌握介绍与自我介绍、握手、交换名片礼仪,学会自我推销。
3. 掌握迎送、拜访礼仪,学会标准的站姿、行姿、坐姿。
4. 掌握就餐礼仪,学会在餐桌上如何有效地推销自己。

技能(知识)点

1. 形体礼仪。
2. 见面礼仪。
3. 迎送礼仪。
4. 拜访礼仪。
5. 宴会礼仪。

综合实训训练

任务2.1 形体礼仪训练

1. 标准站姿。

2. 标准坐姿。

3. 标准行姿。

考核标准，面向镜子站立 5 分钟，小组组长检查

※任务验收※

项目	分值	自我考核（40%）	小组考核（60%）	实际得分
任务理解能力	20 分			
任务分析能力	20 分			
任务解决能力	30 分			
团队配合能力	30 分			
合计	100 分			
小组排名				

任务 2.2　介绍及自我介绍训练

【他山之石】

1. 自我介绍训练。眼睛看着大家（或对方）面带微笑，声音洪亮，表情自然。

（1）普通版本。"大家好，我叫张明，来自三峰销售公司，很高兴认识大家"（面对多人时）

_____

（2）借力"名人"版本。"您好，您看过电影《张三丰》吗？对，我也姓张，我叫张明，我来自三峰销售公司，请多关照。"

_____

2. 介绍小组成员。

_____

3. 握手训练。

动作要领：大方伸手，虎口相对；目视对方，面带微笑；男女平等，力度七分，停留 3~5 秒。

4. 交换名片训练：双手接过名片，同时说谢谢，将名片放入名片夹或上衣口袋中。同时双手持本人名片给对方，（名片文字正面朝向对方）说"请多关照"。

【实训具体要求】

1. 向在座的全班同学介绍自己，把某个同学介绍给另外的一个同学，小组成员互相打分。

2. 按照拟定的身份、职务不同，与"同学"进行握手，小组成员互相打分。

3. 随机挑选学生，进行名片的交换，小组成员互相打分。

※任务验收※

项目	分值	自我考核（40%）	小组考核（60%）	实际得分
任务理解能力	20 分			
任务分析能力	20 分			
任务解决能力	30 分			
团队配合能力	30 分			
合计	100 分			
小组排名				

任务2.3 拜访、迎送礼仪训练

【他山之石】

1. 拜访时：预约—准备—准时—叩门—自我介绍—递名片

叩门：力度适中，以三声为节奏，若无人回应，再叩三下，主人允许进入时，再进入。

2. 迎送时：

①有专人迎送时：引领—替对方开门—送客。

引领的动作要领：手心向上，五指并拢；横摆（小请），手位高度45°，用于指向近距离的位置；斜摆（中请），请对方落座（指向椅子）；直臂（大请），用于指向距离较远的远方（手臂伸直于肩等高）。

②无专人迎送时：接待—问候—送客。

【实训具体要求】

1. 设定情境，要求学生拜访某销售经理（另一学生装扮），按照拜访的流程，由小组学生互相给予打分。

2. 情境：甲推销人员经电话预约后到乙公司拜访乙经理，丙作为前台接待引领甲到乙的办公室。根据引领礼仪流程，由全班同学为他们的表现打分。

3. 情境：甲应乙邀请，到乙家做客，根据迎送礼仪流程，由全班同学为他们的表现打分。

※任务验收※

项目	分值	自我考核（40%）	小组考核（60%）	实际得分
任务理解能力	20 分			
任务分析能力	20 分			
任务解决能力	30 分			
团队配合能力	30 分			
合计	100 分			
小组排名				

任务2.4　就餐礼仪训练

【他山之石】

1. 入座：根据自己的职位状况就座，若自己职位低尽量远离主座位（一般冲着门或靠近窗户的为主座位），如有台签应按台签就座。

2. 入座时遇到同桌的人，应点头示意，或递发名片。邻座有女士，可帮其拉开椅子，帮其入座。

3. 主人未说开席，尽量不要先夹菜，或者主座位客人动筷子后，再动筷子。

4. 将汤碗置放在骨碟上，骨碟不可盛菜只可以装残渣。

5. 不可以起身夹菜，如餐桌不是旋转的可请人帮忙，双手递过餐碗，示意并致谢；若餐桌可旋转，在不妨碍其他客人夹菜的情况下，顺时针旋转。

6. 每次夹菜要适量，不要将汤碗堆放食物太满，骨头或残渣应吐放在骨碟里。当骨碟堆满时，应示意服务员更换骨碟。

7. 使用餐巾纸时，应将用后的纸巾放在骨碟里，不可随意丢在椅子下。

8. 吃饭中，要适时交谈，但说话时口中不可有食物。当客人旋转餐桌时，应给予配合。咀嚼食物应闭口，喝汤时勿啜，不可发出刺耳声。

9. 若上菜时，已配备了公共筷子或汤勺，勿再使用个人的汤勺盛汤或菜品。

10. 不可以劝酒，敬对方酒时，自己的酒杯应斟满，对方可随意；酒杯相碰时，己方的酒杯应略低于对方杯口，表示尊敬（若对方职位明显低于自己，或年龄明显小自己很多时除外）；不可拼酒，若自己不胜酒力，应提前告知，否则会显得被动；敬酒时遵从握手礼仪的顺序。

11. 就餐时若出现咳嗽，应转身，并用餐巾遮挡；若口中突然有痰，应取用餐巾纸，或起身去洗手间处理。

12. 剔牙时，应用一只手遮挡口部，不要让其他人员看见自己的牙齿。若遇到塞牙很严重、不能及时解决时，应起身带好牙签去洗手间。

13. 宴毕，等主人示意后离去，若有事需提前离席，与主人打招呼后，可对其他人说"抱歉，有点急事，各位慢用"，并点头表示歉意。

【实训具体要求】

1. 在指定的实训室进行就餐座位礼仪训练。要求辨明主座位，考查基本礼仪，能否熟练地在餐桌上"推销"自己，小组互评，并打分。

2. 就餐模拟。正确使用碗筷、酒具，如何夹菜进食，如何周正地向其他人敬酒，小组互评，并打分。

3. 就餐出现状况考查。咳嗽、吐痰、剔牙、餐具遗落、打翻酒杯等的处理情况，小组互评，并打分。

4. 就餐告辞考查。小组互评，并打分。

※任务验收※

项目	分值	自我考核（40%）	小组考核（60%）	实际得分
任务理解能力	20 分			
任务分析能力	20 分			
任务解决能力	30 分			
团队配合能力	30 分			
合计	100 分			
小组排名				

※娱乐与学习※

《窈窕绅士》教你熟悉推销礼仪，如何学会自我推销

【剧情梗概】

【监制】 吴宇森、杨紫琼、张家振、唐在扬、邓汉强

【导演】 李巨源

【编剧】 李巨源

【演员】 孙红雷、林熙蕾、洪小玲等

【出品年】 2009 年

来自中国香港的吴嘉倩（林熙蕾饰演）在上海开了一家营销公司，不愠不火。有一次当她与农民企业家曾天高（孙红雷饰演）谈案子时，正好看到曾为追求超级名模芳娜（洪小玲饰演），碰了一脸灰的经过。心有不甘的曾要一改自己乡巴佬的形象，遂聘用吴把他重新包装和设计，日后以"新产品"姿态重新推出，让他可以从头再追求芳娜。吴在别无选择下答应，但她除了改造曾的外表外，还着手为他进行了一次"软件升级"，要同时改变他的内涵。她先用"体罚"来改正曾的陋习并强迫他戒烟，并安排大学教授为他单独讲课，教他上知天文下知地理，也让他学习上流社会的各种嗜好。到曾"内外兼备"的时候，吴带他在上海招摇过市、出双入对，还故意挥金如土，俨然一对新贵情侣，引来各界瞩目。

两人过了一阵快活日子，渐生情愫，但吴却告诉曾，这其实是她的营销策略，曾不解，但答案很快便出现，香港的八卦周刊用狗仔队偷拍形式，图文并茂地大肆报道曾吴两人的"绯闻"，原来吴曾嫁入香港的豪门，成为城中名媛，因男友不忠而失婚，曾闹得满城风雨。吴在国外疗伤一段时间后，到上海寻找新生。她利用自己的"八卦价值"来煽起曾的"人气"，骗趋炎附势的芳娜自动献身。"绯闻"爆出后，吴借故离开上海，让芳娜可"乘虚而入"。果然，在一次画展开幕式上，两人重新"邂逅"，因芳娜已认不出如今风度潇洒、"学识过人"的查尔斯（吴为曾取的洋名）。两人很快成为"朋友"，但还未到"好朋友"的地步。患了重伤风的吴回到上海，获悉曾芳的进展，心里五味杂陈。

因"绯闻"而在上海声名大噪的不止曾一人，很多大公司都慕名而来，上门找吴谈案子，顺便一睹佳人风采，使吴忙得不可开交。感冒加上劳累，使吴终于不支昏倒，醒来时发现自己在曾的家。原来他为了征询吴他出席芳娜的首映礼时要穿什么服饰，到公司去找她时，发现她一个人昏倒在地上，便把她救回家，并为吴做了生日蛋糕，吴发现自己爱上了曾，曾也惊觉，与吴朝夕相对，两人之间已经有了感情。然而自己的"梦中情人"正在戏

院门口等他，曾只好不舍地离去，吴也怏怏地回到公司。当晚，曾在众目睽睽和电视台转播之下，与芳娜联袂出席首映，曾犹如腾云驾雾。芳娜借故主动要求去曾的家，曾喜出望外，但也同时感到一阵内疚。回家后，经过一场内心挣扎，曾决定穿回以前的老套衣服，以原来面目面对芳娜。芳娜大怒，反客为主，把曾撵走。与此同时，吴与朋友借酒浇愁，喝了一个晚上后，拿了朋友的自行车醉醺醺地夜游上海，竟在外滩遇上无家可归、独自流连的曾。两人在江畔坐着，曾鼓足勇气向吴示爱，但不知道吴有没有听到，因为她睡着了，不过嘴边却泛着笑意……

资料来源：http://baike.baidu.com/view/2443507.htm

【教师推荐】

这是讲解推销礼仪的一部精彩电影，曾天高虽然不是一个推销人员，但是他身上的"粗鲁"表现，我们一些推销人员可以无则加勉、有则改之了。古语说"礼多人不怪"，我们推销人员更要知礼、懂礼了。

选取本电影的目的除了告诉读者关注推销人员礼仪的学习外，更看重的是涉及推销情节的很多看点，虽然电影着墨不多，但是区区几个镜头就把吴嘉倩成功推销之处闪现出来，可教会你如何去有效行销。让你的客户第一时间记住你，就是你迈向成功的第一步。

项目三

企业认知训练

实训目标

1. 要求熟悉实训公司的自然情况。
2. 熟悉公司的规章制度。
3. 熟悉岗位的职责。
4. 初步了解产品知识,能提炼产品的卖点。
5. 了解产品理货流程。
6. 正确掌握开单流程。

任务要求

1. 掌握公司的经营理念。
2. 了解并认同企业的组织文化。
3. 掌握公司的发展沿革,认知公司的业绩评价。
4. 认知自己的岗位职责。
5. 熟悉本区域的产品。
6. 掌握吊牌的含义。
7. 知悉产品的保养知识。
8. 遵守公司的规章制度。
9. 熟悉岗位职责。

技能(知识)点

1. 公司的发展历程。
2. 公司的发展规模与业绩。
3. 公司的企业文化。
4. 公司的经营方针。

5. 公司近年来所获得的荣誉。
6. 了解产品的属性和功效。
7. 了解产品的包装和货号。

任务3.1　熟悉企业的自然情况

1. 实习企业的名称：_____
2. 企业的经营理念：_____
3. 企业的创始人：_____
4. 企业总部：_____
5. 企业简介：_____
_____
_____
_____
_____

6. 企业的文化：_____
_____

7. 企业的用人标准：_____
_____

8. 企业所获得的荣誉：_____
_____

※**任务验收**※

项目	分值	自我考核（40%）	小组考核（60%）	实际得分
任务理解能力	20 分			
任务分析能力	20 分			
任务解决能力	30 分			
团队配合能力	30 分			
合计	100 分			
小组排名				

任务3.2　熟悉工作岗位

1. 岗位名称：_____
2. 同岗位同学：_____
3. 岗位指导师：_____　督导：_____　其他：_____
4. 本岗位职责：_____
_____

5. 岗位工作要求：

上班到岗时间：_____ 午休时间：_____ 下午下班时间：_____

6. 每天值日清扫时间及次数：_____

7. 晨会时间/地点：_____

8. 岗位问候语：_____

9. 是否需要站立式服务：A. 是　　B. 否

休息地点：_____

10. 有事需向谁请假：_____

11. 收银台位置：_____

12. 管理人员办公区域：_____

13. 卫生间位置：（客人询问时可指路）_____

14. 总服务台位置：_____

15. 每天师傅交代的日常任务：_____

16. 其他事项：_____

※任务验收※

项目	分值	自我考核（40%）	小组考核（60%）	实际得分
任务理解能力	20 分			
任务分析能力	20 分			
任务解决能力	30 分			
团队配合能力	30 分			
合计	100 分			
小组排名				

任务3.3 推销产品认知

1. 熟悉产品的吊牌：左端画出吊牌，右端写出各字母含义。

2. 熟悉产品的主要优点：
(1) _____
(2) _____
(3) _____
(4) _____
(5) _____

3. 了解产品的主要参数：
（如以冰箱为例）_____
(1) 压缩机：_____
(2) 产品类别：A. 三开门　　　B. 双开门　　　C. 单开门　　　D. 对开门
(3) 容积：　　　　　冷藏室：　　　　　　　冷冻室：
(4) 耗电量：_____
(5) 能效比：_____
(6) 噪声比：_____
(7) 外形尺寸：_____
(8) 质保时间及范围：_____
(9) 是否安装调试与配送：_____
(10) 其他说明：_____

其他产品（如汽车）：_____

_____
_____
_____
_____
_____

※**任务验收**※

项目	分值	自我考核（40%）	小组考核（60%）	实际得分
任务理解能力	20 分			
任务分析能力	20 分			
任务解决能力	30 分			
团队配合能力	30 分			
合计	100 分			
小组排名				

任务3.4　识别产品卖点

1. 该产品的品牌在行业界评价：_____
2. 相同价位的前提下，该品牌产品的卖点：_____
   _____
   _____

3. 产品有无价格浮动：A. 有　　B. 没有　　浮动范围：_____
4. 实训期间，店里有无促销活动：A. 有　　B. 没有
   活动内容：_____
   _____
   _____

5. 跟师傅学引领顾客的流程：
   _____
   _____
   _____
   _____

6. 当顾客询问其他品牌产品的时候，你该如何作答：
   _____
   _____
   _____
   _____

7. 掌握电脑开单（开票）流程：
（1）必填项目：_____
_____
_____
_____

（2）选填项目：_____
_____
_____

※任务验收※

项目	分值	自我考核（40%）	小组考核（60%）	实际得分
任务理解能力	20 分			
任务分析能力	20 分			
任务解决能力	30 分			
团队配合能力	30 分			
合计	100 分			
小组排名				

任务 3.5　岗位职责

1. 你每天的工作任务：_____
2. 你每天的客户拜访量：_____
3. 你每天的销售量：_____
4. 你的销售台账登记情况：_____
5. 今天你的休息时间：_____
6. 今天你的去洗手间次数：_____
7. 是否完成师傅（组长）交代的工作：_____
8. 需要进一步完善的地方有哪些：_____

※任务验收※

项目	分值	自我考核（40%）	小组考核（60%）	实际得分
任务理解能力	20 分			
任务分析能力	20 分			
任务解决能力	30 分			
团队配合能力	30 分			
合计	100 分			
小组排名				

※娱乐与学习※
《战争之王》 熟悉你产品是你推销成功的关键

【剧情梗概】

【导演】 安德鲁·尼科尔

【编剧】 安德鲁·尼科尔

【演员】 布丽姬·穆娜、尼古拉斯·凯奇、伊桑·霍克、杰瑞德·莱托

剧情描述凯奇扮演的商人在企求一步登天的路上遭到背叛及追杀,令他不得不开始面对自己的道德良知,突然间良心发现并决心退休。但告别这个充满酒色财气的声色世界并不如想象中那么容易,而他的客人与敌人也不容许他扬长而去,金钱、权力、女人甚至竞争者的诱惑使他不得不向命运低头。

根据真实故事改编,一部关于战争、金钱和个人良知的动作大片。主人公自欺欺人地相信:武器和其他产品没有什么区别,而忽略了军火背后战争的原罪性,最终导致家破人亡、备受良心的折磨。

主人公尤里在少年时跟随家人从欧洲移居美国。18岁那年,他加入联合国维和部队,作为一名翻译被派往非洲。由于厌恶战争,他对自己所从事的工作毫无兴趣。一个偶然的机会,他把军火转手倒卖给民间武装军队。并在此期间,遇到了一见钟情的女人埃娃。回到美国后,尤瑞劝说弟弟维塔利加入了他的军火生意,两人开始靠倒卖地下军火赚钱。但是两大威胁像幽灵一样困扰着尤瑞:他生意上的死对头和杰克(一个对他紧追不放的国际警察)。维塔利染上了毒瘾。每每看到弟弟毒瘾发作的样子,里瑞十分痛心,但是却无能为力。

尤里对埃娃一直念念不忘,设法与其见面,并成功地使埃娃爱上了他。尤里告诉埃娃,他在从事国际运输的大生意,并且赚了很多钱。两人结婚,并有了一个孩子。在妻儿面前,尤瑞是个完美的家居男人,一心一意地照顾他们,甚至会把儿子房间里的玩具枪拿走,不让他接触到这些暴力的东西。另一方面,尤瑞的谎言却很难维持下去,为了赚钱,他回到了乌克兰,又干起了他的老本行。

国际警察组织逮捕了尤里,但由于证据不足,又很快释放了他。埃娃开始对他的生意产生了怀疑,并质问他,尤里承认了自己是军火商。为了妻子和这个家,他决心当个做正当生意的商人。在很多尝试不成功后,本性使他回到了老路上。说服弟弟和他一起去非洲谈生意,谁知中途出了乱子,弟弟热爱和平的心导致自己袭击杀害了安德烈二世,并炸毁了一车军火,然后被非洲人乱枪射死,尤瑞逃过一劫,完成了这笔生意。

弟弟的死对尤里触动很大,他开始思考自己所做的事的意义和正确性。回到美国后,父母不肯原谅他,将其逐出家门,埃娃也带着孩子离开了他,并向警方告发他的罪行。

尤里被国际警察抓住,但是很快就被释放。在最后几分钟里,其实包含了最关键的一幕,其实不知什么时候尤里早已为美国官方工作,这也是尤里做军火这么顺利的主要原因,所以尤里又被无罪释放了,但是尤里的今后结局依然是未知的,他也很迷茫……

资料来源:http://baike.baidu.com/view/333744.htm

【教师推荐】

这是一个反面典型,主人公尤里算是个枭雄,一个有野心、见钱眼开的人,他为了个人的财富,将所有的道德伦理全抛在了脑后。表面上他一直都很风光,大把大把地赚取钞票,

可是他一直在受到良心的谴责，众叛亲离、夫妻反目。在国难面前大发不义之财，他赚取的每一张钞票都沾满了贫苦人的献血，虽然制度体制原因可以让他逍遥法外，但是这种人不可能受到人们的尊敬。选用此影片的目的，就是告诉读者们，做事情要考虑道德底线，想清楚什么钱该赚，什么钱不该赚。尤里的成功是利用了亲情，但是这种背信弃义的伎俩，确实值得我们反思，难道推销人员要赚钱就可以牺牲亲情为代价吗？这样赚到的钱，你能睡个安稳觉吗？我们在分析他推销成功的同时，也要做好防范，不要被类似这样的人的花言巧语所蒙骗。要知道在原则面前，即使亲情也不能践踏法律，也不能践踏正义。

项目四

寻找顾客训练

实训目标

1. 灵活运用寻找顾客的主要方法。
2. 快速寻找潜在顾客。
3. 筛选出合格的准顾客。

任务要求

1. 顾客识别训练。
2. 寻找顾客技巧训练。
3. 顾客资格审查训练。

技能（知识）点

1. 准顾客的筛选。
2. 寻找顾客的方法。
3. 顾客资格审查。

综合实训训练

任务4.1　辨别顾客训练

观察走进你工作区域的顾客，从他的穿着、服饰、气质、眼光视线等方面大体判断他的收入状况、职业、消费类型，设计开场白，如何引领其消费。

（1）顾客的性别：A. 男性　　B. 女性
（2）顾客的年龄：A. 20～30岁　B. 31～40岁　C. 41～50岁　D. 50岁以上或20岁以下

初步判断顾客的家庭状况　　　A. 两口之家　　　B. 三口之家　　　C. 大家庭　　　D. 单身

（3）顾客的衣着：_____

_____

顾客佩戴的首饰：_____
初步判断顾客的收入：A. 高　　B. 中　　C. 低
（4）对顾客的第一印象：A. 有气质　B. 开朗热情　C. 内向不爱说话　D. 沉闷不好相处
（5）初步判断顾客有无购买意愿：A. 有　　B. 没有　　C. 可以引导　　D. 不确定
（6）设计开场白，如何引导顾客购买：_____

_____

（7）从顾客应答上是否了解到顾客需求：　A. 是　　　B. 否（如选 B 则转到 10）
（8）如选 A，则顾客的需求内容：　A. 为其本人（家庭）　B. 为爱人（朋友）　C. 为孩子
（9）根据选项，确定推荐产品的理由：　A. 偏经济　B. 偏实用　C. 偏时尚　D. 偏贵重

_____

（10）当顾客需求不明确的时候，还应巧妙询问哪些问题？或你该如何做？

_____

_____

（11）需求还未探明再回到 10，需求探明则转到 8。
（12）写出此次寻找顾客的得失，总结经验，为下一次寻找做好铺垫：_____

_____

_____

_____

※任务验收※

项目	分值	自我考核（40%）	小组考核（60%）	实际得分
任务理解能力	20 分			
任务分析能力	20 分			
任务解决能力	30 分			
团队配合能力	30 分			
合计	100 分			
小组排名				

任务4.2 寻找顾客训练

对于已经走入你区域的顾客,你该如何挖掘顾客的需要,引领其购买商品。

(1) 顾客进入你服务区域,你的欢迎词:_____
_____
_____

(2) 根据顾客的需求,你如何推荐商品并说明理由:_____
_____
_____
_____

(3) 你如何引导顾客试穿或试用:_____
_____
_____

(4) 顾客对你的介绍不感兴趣的时候,你该如何引导:_____
_____
_____

(5) 当顾客明确不想购买产品时,你该如何引导:_____
_____
_____

(6) 当顾客向你询问其他品牌产品优点的时候,你正确的做法是:_____
_____
_____

(7) 当顾客准备离开时,你该说些什么:_____
_____
_____

※任务验收※

项目	分值	自我考核(40%)	小组考核(60%)	实际得分
任务理解能力	20分			
任务分析能力	20分			
任务解决能力	30分			
团队配合能力	30分			
合计	100分			
小组排名				

任务4.3 门店顾客资格审查训练

顾客资格审查的实质是寻找、捕捉到最有可能的顾客,当你在店中忙碌时,若有多个顾客光临时,你不可能做到面面俱到,这个时候就要在第一时间找准最有可能购买产品的顾客。

【他山之石】

"人靠衣服,马靠鞍",推销人员推销产品时不可以"以貌取人",但在同一时间接触两个及两个以上顾客时,应本着推销效率最大化原则,根据顾客资格审查方法,做好适度的协调,以使推销效率最大化。

(1) 顾客资格审查的内容:_____

_____

(2) 门店顾客资格审查应从何处着手:_____
 A. 衣着   B. 饰物
 C. 神色   D. 眼神
 E. 表情   F. 其他

(3) 当手头上正招呼顾客的时候,又来了新顾客,该如何应对:_____

_____

(4) 当正向顾客推荐产品时,远处顾客喊"营业员",你该如何应对:_____

_____

(5) 当有两名或两名以上顾客同时询问的时候,你该如何操作:_____

_____

(6) 当一名衣着较普通的顾客,让你拿较贵重的产品,且产品在库房中需要花费时间寻找时,你应如何操作:_____

你选择该操作的理由:_____
若还有其他顾客的时候,你该如何操作:_____

_____

你选择该操作的理由:_____

(7) 当顾客转身离去时,你应如何操作:_____

_____

※任务验收※

项目	分值	自我考核(40%)	小组考核(60%)	实际得分
任务理解能力	20分			
任务分析能力	20分			
任务解决能力	30分			

续表

项目	分值	自我考核（40%）	小组考核（60%）	实际得分
团队配合能力	30 分			
合计	100 分			
小组排名				

任务4.4　顾客档案

1. 个人顾客档案的建立

姓名		性别		出生日期	
学历		职业/职务		住址	
工作单位		年收入		兴趣爱好	
婚姻状况		配偶姓名		子女情况	
购买产品				购买时间	
备注					

2. 企业顾客档案的建立

顾客名称		法人代表	
单位性质		经营范围	
单位地址		联系电话	
经营规模		订购产品	
订购数量		直接负责人	
办公电话		手机	
签订合同时间		付款方式	
收款时间		资信等级	
备注			

※任务验收※

项目	分值	自我考核（40%）	小组考核（60%）	实际得分
任务理解能力	20分			
任务分析能力	20分			
任务解决能力	30分			
团队配合能力	30分			
合计	100分			
小组排名				

※娱乐与学习※

《模范家庭》教你掌握与陌生顾客建立好感的技巧

【剧情梗概】

【导演】德瑞克·伯特

【编剧】德瑞克·伯特

【演员】黛咪·摩尔、大卫·杜楚尼、艾梅柏·希尔德等

大卫·杜楚尼和黛咪·摩尔扮演了一对小镇上的明星夫妻，他们一双美貌儿女由本·霍灵斯沃斯和艾梅柏·希尔德出演，这个人人羡慕的中产阶级家庭背后有着不为人知的秘密。琼斯一家并非真正的家庭，而是被雇用来刺激小镇居民们消费欲望的模特！在影片的一开始，我们就见到了史蒂夫·琼斯一家人。

他们是我们心理想人生、理想家庭和理想生活的样板中产阶级，丈夫英俊、潇洒、体态苗条健康，妻子性感、漂亮、眼角没有皱纹，孩子知书达理、成绩不错，周围总是跟着一群朋友。史蒂夫·琼斯先生总是有无穷的时间休闲和玩乐，琼斯太太总是做着最好、最贵的美容，而他们的孩子总是用着最新和最酷的电子产品。

这些天，琼斯家族来到一个小镇生活，很快，他们一家就成了他们居住的小镇的明星家庭，四个家庭成员都以自己的方法融入了这个小镇的生活之中。琼斯家庭的两位邻居：拉里和莎莫是他们最忠实的粉丝和信徒。在和他们共享现代化的奢侈的生活方式的同时，他们也为琼斯一家保守着他们不可告人的秘密。可是随着时间的慢慢逝去，琼斯先生和琼斯太太之间的矛盾也渐渐显露了出来。

其实不仅仅是这一男一女之间的矛盾，他们的家庭和生活方式都是一个巨大的骗局。原来，琼斯一家是市场营销公司雇佣来的演员，他们把一种对奢侈品的消费欲望带到这个小镇，用自己"偶像明星"的地位来推销其生活方式和奢侈的生活态度，他们的工作就是刺激小镇人民拼命消费，他们的收入和小镇人民购买的商品数量息息相关。

最后，拉里的死让琼斯感到愧疚，琼斯向小镇人们揭开了真相……可是除了咒骂的声音，还能挽回什么呢？

琼斯太太又和新的成员组成了模范家庭，当琼斯追到新家庭向琼斯太太再次表白的时候，还是被无情地拒绝了，因为在琼斯太太眼里他们毕竟是两类人，可是在片尾琼斯太太突然醒悟，做出了一个大胆的决定……

资料来源：http://baike.baidu.com/view/3490870.htm

【教师推荐】

　　这是一个以家庭为组合的团队推销故事，四位家庭成员各自发挥自身的优势去向周围的顾客炫耀自己的产品，以使自己的销售业绩得到"公司"的奖励，这里也充满着欺骗，我们在学习他们娴熟的销售技能的同时，也要睁大眼睛防范围绕在我们周围的类似骗局。

　　选取该电影的主要原因是引导读者便于理解寻找顾客的重要性及如何与陌生顾客建立好感，为推销做好铺垫。

项目五

接近顾客训练

实训目标

1. 灵活运用接近顾客的各种方法与技巧。
2. 成功地接近顾客。
3. 吸引顾客的注意。
4. 激发顾客的兴趣。

任务要求

1. 了解接近顾客的准备工作。
2. 掌握接近顾客的方法。
3. 掌握门店推销的具体内容。
4. 掌握电话推销的技巧。

技能（知识）点

1. 熟悉推销接近的准备工作。
2. 掌握接近顾客的方法。
3. 掌握门店推销的技巧和方法。
4. 熟悉电话推销礼仪和策略。

综合实训训练

任务5.1　接近顾客心理准备训练

1. 每次你看到店内进来顾客时，你的心情是：A. 紧张　B. 恐惧　C. 兴奋　D. 不想说

2. 见到顾客时候，你敢于开口说话吗？A. 敢　　B. 不敢　　C. 敢，但是声音很小
3. 与顾客开口说话后，是否有手心出汗的感觉：A. 有　　B. 没有　　C. 有，一点点
4. 摸下脉搏十秒钟跳动多少次：_____　　折算成每分钟多少次？_____
5. 接近顾客的心理准备工作：
（1）深吸一口气　　　　　　　　　（2）脸上面带微笑
（3）开口说出欢迎词　　　　　　　（4）主动询问顾客打算购买什么商品
（5）询问时，眼睛要看着顾客的三角区（两眼和鼻子围成的区域）
（6）说话的声音洪亮清晰
6. 对着镜子，重复训练，直到熟练为止
吸气、面带微笑："您好，欢迎光临，请问有什么可以帮助您？"
　　　　　　　　"您好，欢迎光临××专柜，请随便看看。"
　　　　　　　　"您好，××服饰全场八折，欢迎选购。"

※任务验收※

项目	分值	自我考核（40%）	小组考核（60%）	实际得分
任务理解能力	20分			
任务分析能力	20分			
任务解决能力	30分			
团队配合能力	30分			
合计	100分			
小组排名				

任务5.2　顾客接近方法训练

1. 提问接近法 + 产品接近法
【他山之石】"询问后就进入产品推荐状态"
对照你负责的区域写出当天你接近顾客的对话：
问：_____
接近：_____
_____
_____
_____
_____
_____

2. 利益接近法 + 恭维接近法
【他山之石】"优惠 + 夸赞顾客"
对照你负责的区域写出当天你接近顾客的对话：

利益：_____
夸赞：_____
_____
_____
_____
_____

※任务验收※

项目	分值	自我考核（40%）	小组考核（60%）	实际得分
任务理解能力	20 分			
任务分析能力	20 分			
任务解决能力	30 分			
团队配合能力	30 分			
合计	100 分			
小组排名				

任务 5.3　门店接待顾客训练

1. 门店接待顾客的流程：
(1) 望：_____
(2) 主动说：_____
(3) 展：_____
(4) 引：_____
(5) 包：_____
(6) 送：_____

2. 认知你所在门店推销的基本方式：
A. 柜台售货　　　　B. 自选售货　　　　C. 展销售货　　　　D. 拍卖售货

3. 接待购买目的明确的顾客
【他山之石】推销人员不必多费口舌推荐其他商品，拿给顾客他们指定的产品即可。
(1) 这类顾客的具体表现：_____
_____
_____

(2) 作为推销人员，你主要做什么：_____
_____

（3）写出当天你接待该类顾客的对话内容：

（4）你有无顺带推销搭配物品： A. 有　　　　B. 没有
（5）你的推销是否顺利成交： A. 是　　　　B. 否
（6）推销总结：你认为接待此类顾客时，有哪些地方可以更加完善？

3. 接待购买目标模糊的顾客
【他山之石】推销关键：看其表情，善于提问，通过推荐产品，来明确其需求。
（1）这类顾客的具体表现：

（2）作为推销人员，你主要做什么：

（3）写出当天你接待该类顾客的对话内容：

（4）通过对话你是否确定了顾客的需求：A. 确定　　　　B. 不确定
（5）顾客需求的详细内容：

（6）推销总结：你认为接待此类顾客时，有哪些地方可以更加完善？

4. 接待没有购买目标的顾客：

【他山之石】推销的关键要一问二查三推荐。

（1）这类顾客的具体表现：_____

（2）作为推销人员，你主要做什么：_____

（3）写出当天你接待该类顾客的对话内容：_____

（4）通过对话你是否确定了顾客的需求：A. 确定　　　B. 不确定

（5）顾客需求的详细内容：_____

（6）推销总结：你认为接待此类顾客时，有哪些地方可以更加完善？_____

※任务验收※

项目	分值	自我考核（40%）	小组考核（60%）	实际得分
任务理解能力	20 分			
任务分析能力	20 分			
任务解决能力	30 分			
团队配合能力	30 分			
合计	100 分			
小组排名				

任务5.4 电话礼仪训练

场景1：假设你是AB公司的业务员郑佳静，今天打电话给好有趣公司的王明经理，商谈V9型号的打印机一事。

如果你是第一次接触他，应该怎么说：_____
_____
_____

如果你是第三次接触他，应该怎么说：_____
_____
_____

场景2：假设你是AB公司的业务员郑佳静，今天打电话给好有趣公司的王明经理，商谈V9型号的打印机一事，可惜你拨错电话了，你该怎么说：_____
_____

如果你刚要打电话，电话铃响了，请问你该在响铃几声后接电话：A. 一声　　B. 二声　　C. 三声　　D. 四声

拿起电话后，你该怎么说：_____
_____

假如你找的是刘先生，你发现自己拨错电话了，你该怎么说：_____
_____

场景3：假设你是AB公司的业务员郑佳静，你听说红东方公司想采购一台V9型号的打印机，但是你却不知道他们采购部经理是谁，请问你有哪些方法能找到对方的电话和姓名，简要写出你"绝招"

绝招一，向××打电话，该怎么说：_____
_____
_____

绝招二，向××打电话，该怎么说：_____
_____

※任务验收※

项目	分值	自我考核（40%）	小组考核（60%）	实际得分
任务理解能力	20分			
任务分析能力	20分			
任务解决能力	30分			
团队配合能力	30分			
合计	100分			
小组排名				

※娱乐与学习※
《电话情缘》教你如何娴熟运用电话推销的技巧

【剧情梗概】

【导演】 詹姆斯·道森

【演员】 施芮娅·萨兰、杰西·麦卡菲、阿努潘·凯尔等

美丽的印度姑娘普拉娅·塞西（施芮娅·萨兰饰）对美国文化的迷恋简直已经到了一种极致心醉的程度，总觉得自己生错了地方，错失了成为美国人的机会。如今普拉娅在印度的班加罗尔市的一家信用卡电话中心做话务员，她总是用一口流利的英语告诉每一位打进电话的消费者，说自己的名字叫詹妮弗·大卫，是土生土长的旧金山人。

普拉娅的父亲雷蒙（阿努潘·凯尔饰）是一个非常保守的印度老头，他对于女儿如此急切地抛弃自己的文化和信仰感到尤其愤怒，好在她即将接受家里的安排嫁给忠厚老实的维克拉姆（阿舍彻·卡普饰），这多多少少让雷蒙感到些许的安心。

有时候爱情的到来，就是充满了解释不清的巧合，本就处在期待惊喜与浪漫际遇年龄的普拉娅·塞西，碰巧在工作不久便与一位大洋彼岸的美国男青年格兰杰（杰西·麦卡菲饰）在电话线上"不期而遇"。

通过数次在电话里的短暂交流，虽然未曾见过面，普拉娅也对格兰杰非常友好，两人决定在美国洛杉矶见面。瞒着观念保守的父母和家人，独自来到美国大都市的普拉娅·塞西，很快便与这位美国小伙儿产生了火一般的情愫。两人都深信，这份电话情缘将引领他们在爱的海洋里一帆风顺、越行越远。但是，普拉娅·塞西的家人组团从印度赶来，将一对已然进入热恋当中的爱情伴侣打入冷宫。并强行将女儿带回了遥远的东方国度。眼看着心爱的女孩儿含泪而去，经过一番思想斗争之后的美国小伙儿最终决定为了爱情放弃美国的一切，远走印度，找回自己的真爱，一圆自己的电话情缘之梦……

资料来源：http://baike.baidu.com/view/2320374.htm

【教师推荐】

这是一个描述电话推销的爱情故事，本书选用这部电影，最主要目的就是告诉读者在拨打电话时应注意的礼仪问题、交谈内容的注意事项，在欣赏精彩电影的同时，也会向大家渗透一些推销的理论。

"赞美的力量是无穷的"，看了此片也许你就会领悟到作为一名推销人员，得体地赞美客户该是多么的重要。

项目六

推销洽谈训练

实训目标

1. 熟悉推销洽谈的目标及内容。
2. 了解推销洽谈的原则、步骤。
3. 掌握推销洽谈的方法。
4. 了解推销洽谈的技巧。

任务要求

1. 掌握推销洽谈的目标与内容。
2. 熟悉推销洽谈的原则及步骤。
3. 掌握推销洽谈的方法。
4. 使用推销洽谈的技巧正确接待顾客。

技能（知识）点

1. 推销洽谈的目标。
2. 推销洽谈的内容。
3. 推销洽谈的原则。
4. 推销洽谈的步骤。
5. 推销洽谈的方法。
6. 推销洽谈的策略。

综合实训训练

任务6.1 认知推销洽谈目标

1. "量体裁衣"——区分不同的顾客：

（1）当穿着时尚的年轻顾客向你询问有关产品时，你应向顾客重点传递哪些信息：_____

应主动满足此类顾客需求，应注意哪些细节：_____

（2）当穿着朴素的中老年顾客向您询问有关产品时，你应向顾客重点传递哪些信息：_____

应主动满足此类顾客需求，应注意哪些细节：_____

2. 请把你当天接待的顾客的洽谈情境描绘出来（ABCD 任选其一）：
A. 顾客属于高收入　　B. 顾客属于低收入　　C. 顾客对产品不熟悉　　D. 顾客对产品熟悉

※任务验收※

项目	分值	自我考核（40%）	小组考核（60%）	实际得分
任务理解能力	20 分			
任务分析能力	20 分			
任务解决能力	30 分			
团队配合能力	30 分			
合计	100 分			
小组排名				

任务6.2　推销洽谈原则认知训练

1. 当前来的顾客始终不愿意回答你任何问题时，你该如何处理：_____

2. 你向顾客推荐商品时，顾客并不领情，眼睛却东看看西看看，你觉得可能出现了什么问题：_____

你该如何扭转该局面：_____

3. 当顾客只是被动地听你介绍，却不插言时，你该如何正确操作：_____
_____

4. 在与顾客洽谈时，发觉顾客了解的比你掌握的还多，你该如何处理：_____
_____
_____

5. 当你推荐某产品时，顾客却反驳你，你该如何处理：_____
_____
_____

※任务验收※

项目	分值	自我考核（40%）	小组考核（60%）	实际得分
任务理解能力	20 分			
任务分析能力	20 分			
任务解决能力	30 分			
团队配合能力	30 分			
合计	100 分			
小组排名				

任务 6.3　推销洽谈方法应用训练

1. 直接提示法和间接提示法运用训练。
根据你所负责的产品，如何采用直接提示法向顾客介绍产品：自己说好_____
_____
根据你所负责的产品，如何采用间接提示法向顾客介绍产品：别人说好_____
_____

自我总结：推销产品的时候，遇见哪类顾客适用直接提示法：_____
_____
哪类顾客适用间接提示法：_____
_____

2. 明星提示法和自我提示法训练。
你所负责的产品有产品形象代言人吗？
A. 有　　B. 没有
如果有，他（她）的名字：　　　　　　　列举他（她）的典型事迹（限 25 个字内）
_____
_____

你与顾客洽谈时,如何正确使用明星提示法,请描述你的语言:_____
_____

自我提示法,适合在什么情况下使用,你在使用时,该怎么讲述:_____
_____

你觉得该两种提示法有何连带关系:_____
怎样述说,将二者联合搭配起来使用:_____
_____

3. 积极提示法和消极提示法的训练。
根据你负责的产品,如何进行积极提示法:(夸产品好)_____
_____
_____

什么情况下,该使用消极提示法:(人皮肤、衣着等不好)_____
_____

一个对顾客说"好"话夸赞顾客;另一个对顾客说"打击"的话,善意地指出顾客的"毛病",你认为哪个提示法是多说"好"话?_____
你又认为哪个提示法是多说"打击"的话?_____

4. 推销洽谈综合方法运用。
请简要描绘你接待顾客时,你与顾客之间的对话:_____
_____
_____
_____
_____

再查看下你使用了几种推销洽谈方法?_____
_____

总结你与顾客之间的对话,看是否达到了原来设想中的效果:
A. 达到　　　　B. 部分达到　　　　C. 没达到
你认为哪些话语有可改善之处:_____
_____

※任务验收※

项目	分值	自我考核(40%)	小组考核(60%)	实际得分
任务理解能力	20 分			
任务分析能力	20 分			
任务解决能力	30 分			
团队配合能力	30 分			
合计	100 分			
小组排名				

任务6.4　推销洽谈策略训练

1. 描述推销洽谈的流程及工作要点：

第一步：_____

第二步：_____

第三步：_____

第四步：_____

第五步：_____

2. 当顾客想买却又没立即行动，表现很犹豫时，您该使用什么策略：_____

该说怎么样的话说服其购买？_____

_____

3. 当你的存货剩得不多了，或者刚好顾客看重的产品是样品的时候，你该使用什么策略：

_____

该说怎么样的话说服其购买？_____

_____

4. 对于和你议价的顾客，在店里有明确规定的前提下，你该使用什么策略：

_____

该说怎么样的话说服其购买？_____

_____

5. 若店里明确规定不议价不打折，而顾客却以产品瑕疵为由和你"砍价"时，你洽谈的重心应放在哪里？_____

你要说哪些话来说服顾客购买：_____

_____

_____

6. 顾客明确提出产品价格高却还是不肯打算购买其他类似产品的时候，你觉得该如何处理？

应具体使用什么策略：_____

你应该说哪些话来说服顾客做出购买行为：_____

_____

_____

7. 如何把顾客拒绝当成他购买的理由，你应使用什么策略？_____

_____

该说什么样的话说服其购买？_____

_____

_____

※任务验收※

项目	分值	自我考核（40%）	小组考核（60%）	实际得分
任务理解能力	20 分			
任务分析能力	20 分			
任务解决能力	30 分			
团队配合能力	30 分			
合计	100 分			
小组排名				

任务6.5　推销洽谈技巧训练

场景1：你是一名店长，看到顾客和推销人员因价格发生了争执，场面很尴尬，请问你该如何处理？

_____
_____
_____
_____

场景2：顾客相中一件衣服后，一定希望按照广告上说的打九折，可是你这是新品不享受广告价的，顾客一再和你讨价还价，你该如何巧妙规避僵局？

_____
_____
_____
_____

场景3：当一顾客对你产品的质量提出质疑的时候，说你卖的皮鞋不是纯牛皮的，可你能确保你卖的是纯牛皮的，你该如何绕过僵局？

_____
_____
_____
_____

※任务验收※

项目	分值	自我考核（40%）	小组考核（60%）	实际得分
任务理解能力	20 分			
任务分析能力	20 分			

续表

项目	分值	自我考核（40%）	小组考核（60%）	实际得分
任务解决能力	30 分			
团队配合能力	30 分			
合计	100 分			
小组排名				

※娱乐与学习※

《王牌售车员》教你学会如何与客户接近和洽谈

【剧情梗概】

【导演】 尼尔·布莱南

【编剧】 安迪·斯塔克、瑞克·斯坦姆森

【演员】 杰里米·皮文、文·瑞姆斯、詹姆斯·布洛林、大卫·科恩查内

糟糕的世界经济俨然已经将工业国度最有代表性的汽车行业带入了谷底，尤其是汽车销售行业，更加难以维持日常生存。因此，高水平的销售人才成了各大汽车商争抢的对象。唐·瑞迪（杰里米·皮文饰）和他的三位伙伴堪称是此类"洗脑"销售高手。甚至在唐·瑞迪的能言善辩以及几个好友的煽风点火下，竟然在乘机时说服了空姐以及所有机组人员，彻底改变了机舱里禁止吸烟的规定，并引来叫好声连连。

很快，四个人的"洗脑"才能便得到了城里大车行老板的赏识，聘请他们前去为萎靡不振的汽车销售注入活力。于是，四个人如同邪教徒传道一般给车行里的所有人上了一课，并很快开始了汽车销售的促销活动，引来无数消费者光顾。在用尽恶搞之能事以及几乎歇斯底里般搞怪的销售策略下，车行的生意竟开始蒸蒸日上起来。销售人员们也在嬉笑怒骂中感受到了生活的乐趣，然而，忽悠天才唐·瑞迪却渐渐发现生活中原来还有更多更美好的东西，需要他去发现……

资料来源：http://baike.baidu.com/view/2540548.htm

【教师推荐】

这是一部描写销售汽车的推销人员的故事，大家会发现销售团队四人各有各的高招，为什么濒临破产的车行能在团队精英的带领下，仅用三天时间就将汽车销售一空？他们靠的是什么？人无完人，他们的销售行为或做事行为也有值得商榷的地方，甚至还有一些骗人的伎俩，选用此片就是让大家在欣赏他们推销技巧的同时，也做到正确评价他们的所作所为，择其善而从之，择其不善而改之。

项目七

门店（摆摊）推销训练

实训目标

1. 学会识别门店推销顾客类型。
2. 熟悉处理门店推销的基本流程。
3. 掌握门店推销的收银基本要领。
4. 提高门店吸引顾客能力。

任务要求

1. 辨别顾客需求类别。
2. 掌握接待顾客的基本步骤。
3. 熟练应对客流高峰的推销技巧。

技能（知识）点

1. 门店推销的类型。
2. 门店推销的基本流程。
3. 门店推销的基本策略。

综合实训训练

任务7.1 到岗记录任务

1. 你到岗摆摊销售的时间：_____
2. 登记你摆摊销售产品的类别：_____
3. 列出你当天摆摊销售产品的进货价格和销售价格（至少6种）：

产品名称	进货价格	销售价格	毛利率
1.			
2.			
3.			
4.			
5.			
6.			
7.			

4. 描述你当天第一单生意的交易过程：

顾客性别：_____；顾客身份：A. 学生　B. 老师　C. 教工（非教学）　D. 校外人员

该顾客属于 A. 购买目标明确　B. 购买目标模糊　C. 没有购买目标

寻找（接近）顾客的方式：_____

请复述你看到顾客说的第一句话：_____

面对顾客，请问你是否露出了笑脸：A. 是　B. 否

简略描述推销洽谈内容（不少于20字）：_____

5. 复述顾客提出异议的原话（不少于10字）：_____
_____

6. 列出你化解顾客异议的方法：_____

7. 列出你使用的推销成交的方法：_____

8. 描述你成功的喜悦和收获（不少于20字）：

※任务验收※

项目	分值	自我考核（40%）	小组考核（60%）	实际得分
任务理解能力	20 分			
任务分析能力	20 分			
任务解决能力	30 分			
团队配合能力	30 分			
合计	100 分			
小组排名				

任务7.2　销售效率训练

1. 描述你在摆摊销售同一时刻接待顾客的数量：A. 1 个　B. 2 个　C. 3 个　D. 4 个及

以上

2. 当你接待多于两个顾客的时候，如何有效地应对多人问价，请描述你当时的做法：_____
_____
_____

3. 顾客最终是否都顺利购买：A. 是   B. 不是；如果没有购买，你觉得主要原因是什么：_____

4. 当时你的组员 A. 在场   B. 不在场

5. 此时此刻你最希望你的组员怎么做：_____
_____

6. 如何理解营销团队的合作精神：_____
_____
_____

7. 请列出你们小组的人员分工情况：_____
_____

※任务验收※

项目	分值	自我考核（40%）	小组考核（60%）	实际得分
任务理解能力	20 分			
任务分析能力	20 分			
任务解决能力	30 分			
团队配合能力	30 分			
合计	100 分			
小组排名				

任务 7.3　收银基本功训练

1. 你们小组谁负责收银：_____

2. 收银的方式：A. 现金   B. 支付宝   C. 微信   D. 其他方式（如赊账等）

3. 有无出现款项差错：A. 有   B. 没有   如有差错是 A. 短款（钱少了）   B. 长款（钱多了）

4. 当天有无进行账务核对：A. 有   B. 无

5. 是否出现账实不等现象：A. 有   B. 无

6. 是否出现过与顾客直接因收银导致的纠纷：A. 有   B. 没有

7. 请回答收银的基本工作步骤：_____
_____
_____

8. 如果作为小组长你发现顾客与组员因为收银导致了争吵，请问你如何有效化解，请

简略写出你的策略。(不少于30字)

_____

_____

_____

※任务验收※

项目	分值	自我考核（40%）	小组考核（60%）	实际得分
任务理解能力	20分			
任务分析能力	20分			
任务解决能力	30分			
团队配合能力	30分			
合计	100分			
小组排名				

※娱乐与学习※
《电子情书》教你认知门店推销的策略和技巧

【剧情梗概】

【导演】　诺拉·艾芙隆

【编剧】　诺拉·艾芙隆

【演员】　汤姆·汉克斯，梅格·瑞恩，格雷戈·金尼尔，帕克·波西，史蒂夫·茨恩

在纽约人文气息浓厚的上西区，凯瑟琳·凯莉（梅格·瑞恩饰）经营着一家温馨的小书店，书店继承自母亲，已有四十年的历史，是附近街坊生活的一部分。没想到就在隔街，一家大型的连锁书店开张，各种折扣、多功能卖场大大危及小店生意，而大书店的老板乔·福克斯（汤姆·汉克斯饰）自然成为凯瑟琳·凯莉的眼中钉。

乔有一个能干的女友帕特里夏（帕克·波西饰），凯瑟琳也有一个匹配的男友弗兰克（格雷戈·金尼尔饰）。他们原以为已找到人生伴侣，两人白天时时斗法，夜深人静时却是电子邮件的最佳笔友。

计算机两端的陌生男女分别用 NY152 和 Shopgirl 的笔名倾诉着除了真实身份以外的生活中的一切。渐渐地，互联网上的友情升华成爱慕之情。两人相约见面，好奇的本性驱使乔怂恿自己的好友先去约好的地点偷看一眼，结果发现，心仪的网络情人，竟是死对头凯瑟琳。当然乔并无赴约，让面临关门大吉又无人可靠的凯瑟琳怅然失落。但乔也开始从一个全新的角度去认识凯瑟琳，只是，他不知该如何让凯瑟琳知道自己就是那位神秘网友。

资料来源：https://baike.baidu.com/item/%E7%94%B5%E5%AD%90%E6%83%85%E4%B9%A6/4562177?fr=aladdin

【教师推荐】

这是与门店推销有关的报道影片，选取本电影的目的是让读者更形象生动地理解门店推销的基本工作流程及门店推销的基本策略，同时可以感悟现实中实体经济日益衰败的深层次原因。本片涉及推销的情节很多，与之相类似的影片还有《街角的商店》，希望读者有空余时间观看。

项目八

顾客异议处理训练

实训目标

1. 灵活处理各种顾客异议。
2. 保持处理顾客异议时的正常心态。
3. 掌握处理顾客异议的技巧。

任务要求

1. 识别顾客异议的类型。
2. 掌握顾客异议处理的策略。
3. 熟练运用处理顾客异议的技巧。

技能(知识)点

1. 顾客异议的类型及成因。
2. 顾客异议的处理原则及策略。
3. 顾客异议的处理方法。

综合实训训练

任务8.1 顾客异议类别辨析训练

1. 从你日常接待的顾客中,写出一句顾客表达真实异议的话:＿＿＿＿＿＿＿＿

该异议属于什么原因导致的异议:＿＿＿＿＿＿＿＿

你对此顾客异议,采取的策略:＿＿＿＿＿＿＿＿

你的策略是否化解了顾客的异议：A. 是　　　　B. 没有　　　　C. 顾客又提出新的异议

有什么地方可以进一步完善之处：_____
_____

2. 虚假异议的产生原因？_____

在你接待的顾客当中，列举一句顾客的虚假异议（复述顾客原话）：_____
_____

如何正确对待虚假异议？_____
_____

3. 如何理解破坏性异议，在你接待的顾客当中，列举一句破坏性异议（复述顾客原话）：
_____
_____

4. 通过以上三题的回答，请总结推销人员处理顾客异议的原则：
（1）_____（2）_____
（3）_____（4）_____
（5）_____
具体行为表现：（1）表情关注　（2）语言温柔　（3）耐心、仔细聆听　（4）承受顾客唠叨　（5）解决顾客烦恼

※任务验收※

项目	分值	自我考核（40%）	小组考核（60%）	实际得分
任务理解能力	20 分			
任务分析能力	20 分			
任务解决能力	30 分			
团队配合能力	30 分			
合计	100 分			
小组排名				

任务8.2　顾客异议处理的策略训练

1. 接待的顾客时候，顾客觉得价格高，她是怎么说的：_____
_____
_____

你的解决策略：_____
_____

　　总结：对待顾客价格异议，你可以从哪些方面化解异议：_____
_____
　　（1）强调优质优价，你该怎样和顾客说：_____
_____
　　（2）顾客询价、避而不答时，你又应怎样和顾客说：_____
_____
　　（3）强调单次使用成本、化整为零时，你应怎样和顾客说：_____
_____
　　（4）采取退让、妥协策略时，你应怎样和顾客说：_____
_____
　　（5）顾客觉得价格低、担心质量时，你应怎样和顾客说：_____
_____
　　2. 当天接待顾客中，摘录顾客的货源异议：_____
_____
如何对待顾客的货源异议，你该怎样和顾客说：_____
_____
你如何游说顾客尝试新产品：_____
_____
请描述你接待的顾客中，提出"再等等、再看看"的原话：_____
_____
你认为什么原因导致顾客会提出"等等""看看"？_____
_____
对于这类异议，你应采用什么策略：_____
你会和顾客说哪些话：_____
_____
　　3. 请描述你接待的顾客中，提出没有支付能力的原话：_____
_____
你认为该异议属于什么异议：_____
你该如何化解异议：_____
你会告诉顾客本店（商场）可以刷卡吗？　A. 会　　　B. 不会
如果你想让顾客留一点定金，你该怎么说：_____
_____
　　如果顾客执意不留定金、不刷卡，你又该怎么操作，说哪些话，可以让顾客愿意再到你这里买走产品：_____
_____
_____

※**任务验收**※

项目	分值	自我考核（40%）	小组考核（60%）	实际得分
任务理解能力	20 分			
任务分析能力	20 分			
任务解决能力	30 分			
团队配合能力	30 分			
合计	100 分			
小组排名				

任务 8.3　顾客异议的处理方法训练

1. 请写出你对顾客使用直接否定法时，你们两者间的对话：
顾客：_____
你：_____
请总结什么情况时，使用直接否定法效果最好：_____
_____

2. 请写出你对顾客使用间接否定法时，你们两者间的对话：
顾客：_____
你：_____
请总结什么情况时，使用间接否定法效果最好：_____
_____

3. 当顾客说出哪些话的时候，你可以使用抵消处理法？
顾客：_____

你：_____
_____

请总结抵消处理法适用的情境：_____
_____

4. 你接待的顾客说了哪些话，你可以使用沉默处理法？
顾客：_____

你：_____
_____

请总结沉默处理法适用的情境：_____
_____

5. 你认为在什么情境下该使用自我发难法化解顾客异议：_____
_____
请复述下你和顾客之间的对话：_____

顾客：_____
你：_____
_____

※任务验收※

项目	分值	自我考核（40%）	小组考核（60%）	实际得分
任务理解能力	20 分			
任务分析能力	20 分			
任务解决能力	30 分			
团队配合能力	30 分			
合计	100 分			
小组排名				

※娱乐与学习※

《商海通牒》教你如何有效说服顾客并化解异议

【剧情梗概】

【导演】 J·C·陈多尔

【编剧】 J·C·陈多尔

【演员】 凯文·史派西、扎克瑞·昆图、杰瑞米·艾恩斯

这部电影的灵感来自真实事件，以2008年发生的金融危机作为整个故事的背景。这一次，股票经纪人的形象不再是呼风唤雨的经济大鳄，而是无助的、有着悲剧性境遇的牺牲者。由于金融危机，导致了许多金融企业的大规模裁员，哪怕是像埃里克·戴尔（史坦利·图齐饰）这样优秀的人也失去了他风险部门评估主管的职位。在落寞地搬着东西准备离开公司的时候，他将自己未完成的一项研究交给了前同事彼得·沙利文（扎克瑞·昆图饰）。从研究文件中，彼得惊愕地发现：华尔街将在未来的24小时之后濒临破产的边缘。他迅速将这个发现告诉了自己的老板威尔·艾默生（保罗·贝坦尼饰），威尔则通知了更上级的老板山姆·罗杰斯（凯文·史派西饰），就这样，这个令人震惊的消息很快就传到了顶头大老板约翰·图德（杰瑞米·艾恩斯饰）的耳朵里。在短短的24小时里，每个人都要为自己的立场和利益做出艰难的抉择，而他们的决定也将影响整个美国的经济……

资料来源：http：//baike.baidu.com/view/5200648.htm

【教师推荐】

这是与股票证券有关的影片，选取本电影的目的是让读者更清晰地认识到商场里也到处充满了陷阱和骗局。本影片关于推销说服的片段很多，大家在赏析演员精彩对角戏的同时也可领略到推销谈判的艺术，即如何用巧妙的话语，劝导对方听从自己的建议，如何有效化解顾客的异议，相信大家会受益匪浅的。

项目九

商品促成训练

实训目标

要求学生正确理解促成交易的含义,灵活辨认成交信号,熟练运用各种有效成交的方法及策略,促成交易,掌握成交后续工作的相关内容。

任务要求

1. 理解促成交易的含义。
2. 辨别成交的信号。
3. 理解促成交易的基本策略。
4. 掌握促成交易的方法。
5. 理解成交后续工作的内容和方法。

技能(知识)点

1. 理解促成交易的含义。
2. 辨别成交的信号。
3. 理解促成交易的基本策略。
4. 掌握促成交易的方法。

综合实训训练

任务9.1 成交信号识别训练

1. 描述你日常接待顾客中,做出哪些举动的时候,意味着顾客可能要成交(至少列出四点):

(1)面部表情方面:_____

（2）语言表达方面：_____

（3）行为表现方面：_____

2. 你觉得在什么情况下，可以做出请求成交：_____

3. 如何有效防止第三者搅局？_____

4. 如果一家三口来到你负责的柜台购买产品，你应该把重心放在谁的身上？请说明理由：_____

5. 当顾客听到你的介绍后，还是不打算购买，准备离去时，你应该说哪些话？_____

6. 通过以上问题回答，请总结促成顾客成交的策略：_____

※任务验收※

项目	分值	自我考核（40%）	小组考核（60%）	实际得分
任务理解能力	20 分			
任务分析能力	20 分			
任务解决能力	30 分			
团队配合能力	30 分			
合计	100 分			
小组排名				

任务 9.2　促成方法训练

1. 在什么情况下，可以使用请求成交法？_____

请复述你在接待顾客过程中，使用请求成交法的原话：_____

2. 在什么情况下，可以使用假定成交法？_____

请复述你在接待顾客过程中，使用假定成交法的原话：_____
_____

3. 在什么情况下，可以使用选择成交法？_____
请复述你在接待顾客过程中，使用选择成交法的原话：_____
_____

4. 从众成交法是利用顾客的什么心理？_____
一般来说，顾客说什么话的时候，大体可以认定该顾客具有从众心理？_____
_____
顾客：_____
请复述你在接待顾客过程中，使用从众成交法的原话：_____
_____

5. 选择成交法的控制权在谁的手上？　A. 顾客　　　B. 推销人员
你认为在什么情况下，可以使用选择成交法？_____
_____
请复述你在接待顾客过程中，使用选择成交法的原话：_____
_____

6. 小点成交法，一般适用于顾客对什么产生的异议比较大？A. 价格　　B. 货源
C. 款式
请复述你在接待顾客过程中，使用选择成交法的原话：_____
_____

7. 请复述你在接待顾客过程中，使用总结利益成交法的原话：_____
_____
_____

请总结面对什么样的顾客，（　A. 性格内向，沉默寡言　　B. 性格外向，话语较多）
又在什么情况下，（A. 犹豫不决　　B. 态度明确　　C. 有明确的个人偏好　　D. 需求不太坚定）最适宜采用总结利益成交法？

8. 最后成交法适用于什么情况？_____
请复述你在接待顾客过程中，使用该方法的原话：_____
_____

9. 优惠成交法主要利用顾客____心理，使用时应掌握什么分寸？
_____
_____
请复述你在接待顾客过程中，使用该方法的原话：_____
_____

※任务验收※

项目	分值	自我考核（40%）	小组考核（60%）	实际得分
任务理解能力	20分			
任务分析能力	20分			
任务解决能力	30分			
团队配合能力	30分			
合计	100分			
小组排名				

任务9.3 成交的后续工作训练

【他山之石】顾客交款拿回小票后，营业员应首先核对单据，查看收讫章真伪，检查金额是否有误，完全准确后，再次将顾客挑选的产品的货号和小票上的货号核对无误后，将顾客选购的产品装入包装袋中双手递给顾客，并提醒顾客再检查下，有无质量问题（如跳线、开线、有无瑕疵等，任何人买新东西都不希望有缺陷，顾客也一样），询问顾客是否需要包装好，然后再双手递交顾客，致欢送词，感谢顾客的光临，欢迎下次继续购买，面带笑容送走顾客。

1. 合理配货，大件产品一般提供送货上门服务，顾客成交后，你要做哪些工作：
（1）核对收款收据，查验收款章、数额
（2）
（3）

2. 你负责小件产品专柜，顾客将收款凭证交给你后，你要做哪些工作：
（1）
（2）查看顾客挑选好的产品和小票上的货号是否一致
（3）
（4）
（5）

※任务验收※

项目	分值	自我考核（40%）	小组考核（60%）	实际得分
任务理解能力	20分			
任务分析能力	20分			
任务解决能力	30分			
团队配合能力	30分			
合计	100分			
小组排名				

※娱乐与学习※
《邮递员》教你理解推销服务的宗旨，掌握客户关系维护技巧

【剧情梗概】

【导演】 今井和久

【演员】 长岛一茂、北乃纪伊、小川光树、原沙知绘等

　　依山傍海的千叶县房总町是个宁静美丽的小镇。海江田龙兵是镇上的邮递员。爱妻泉两年前过世，他独自一人把女儿步美和儿子铁兵拉扯大。龙兵非常热爱自己的工作，他的投递总是迅速而准确，邮局局长和镇民们都十分信赖他。如今，大多数邮递员都骑着摩托送信，但龙兵依然踩着红色（日本邮政的标志色是红色）的自行车走街串巷。

　　初中三年级的步美即将毕业，她提出要报考寄宿制高中。龙兵认为一家人就应该生活在同一屋檐下，顽固地反对步美的志愿。步美向班主任塚原老师求救，塚原却告诉她："自己的人生要自己来决定。"

　　泉的三周年祭，龙兵提出要把泉的遗物分给亲戚们，引来了步美的强烈不满，她对着父亲大吼："你把妈妈忘了么？"龙兵不假思索地扇了女儿一记耳光，父女之间的裂痕加深了。

　　外婆园子给步美看了一包东西，那是龙兵从念小学起直到结婚的十六年中给泉写的信。两个人由于相隔遥远很难见面，却一直在书信中交流心意。正因为小时候总是热切地盼望着邮递员送来泉的信，龙兵长大后也成了一名邮递员。知道这些之后，步美理解了父亲。

　　龙兵在送信途中发现一个老人昏倒在家中，连忙将他送进了医院。护士把老人衣袋里的一封信交给了龙兵，原来这是能证明老人依然无恙的信，有人正等待着老人的消息。龙兵将自行车踩得飞快，赶往信上的地址……

　　　　　　　　　资料来源：http：//baike.baidu.com/view/296144.htm#sub7522929

【教师推荐】

　　这是一个描写普通邮递员的故事，故事主人公龙兵对待工作一丝不苟，每天任劳任怨地尽职工作。选取本电影的目的是让读者对推销人员服务的内容有所了解，遇到顾客不信任甚至无端指责的时候，要认真地聆听顾客的心声，做到不争辩、不抱怨，只要心中有顾客，推销工作就会越做越好。

　　推销服务永无止境，不要以为生意做完了，就不考虑责任了。一个优秀的推销人员也一定是个专业的售后服务师，因为推销的实质就是服务。把顾客服务好了，他才愿意继续购买产品，才愿意把你的产品推荐给其他的朋友。

项目十

推销人员管理训练

实训目标

要求学生掌握推销人员的选拔、培训流程,了解你所实习单位的销售人员的激励情况,相同岗位的薪酬制度情况,学会制定推销绩效评估的方法及策略。

任务要求

1. 了解推销人员招聘与选拔的流程。
2. 熟悉推销人员培训的方法。
3. 掌握推销人员薪酬的类型及激励方法。
4. 熟悉推销人员绩效考评的方法。

技能(知识)点

1. 推销人员的选聘工作。
2. 客户管理搭建工作。
3. 绩效评估管理工作。

综合实训训练

任务10.1 人员招聘与选拔训练

1. 了解你所在的实训企业的用人要求,列出一份该公司的招聘简章(业务员、营销代表或类似岗位)。

_____
_____
_____
_____

2. 询问该企业的人力资源经理或通过网络查找了解该企业选人、用人的标准和原则：___
_____
_____

3. 对照该公司的招聘简章，对比自己的条件是否符合该职位要求？你还需要做哪些方面的努力？_____
_____
_____

4. 询问该公司的人力资源经理或主管，描述该公司的招聘流程，了解该公司招聘人员的试用期长短、试用期的待遇等相关情况，并认真做好记录：_____
_____
_____
_____

※任务验收※

项目	分值	自我考核（40%）	小组考核（60%）	实际得分
任务理解能力	20 分			
任务分析能力	20 分			
任务解决能力	30 分			
团队配合能力	30 分			
合计	100 分			
小组排名				

任务10.2　人员培训管理训练

1. 你所在的公司或专柜，每天（每周）是否有培训？　__A. 有　B. 没有__
2. 培训的具体内容？_____
_____
3. 列出你在实训期间的一次培训记录：_____
　（1）主讲人　　　　　　（2）时间　　　　　　（3）地点
　（4）参与人　　　　　　（5）培训的目的
　（6）培训的方式
　（7）培训的具体内容
　（8）培训后是否需要考核　　　　　　（9）你的收获

3. 了解该培训和岗前培训有什么关系？＿＿＿＿＿＿＿＿＿＿＿＿＿＿＿＿＿＿＿＿＿＿＿

＿＿

4. 询问人力资源经理或主管，了解该公司培训的具体流程：＿＿＿＿＿＿＿＿＿＿＿

＿＿

＿＿

5. 询问该公司如何进行培训效果评估：＿＿＿＿＿＿＿＿＿＿＿＿＿＿＿＿＿＿＿＿

＿＿

※任务验收※

项目	分值	自我考核（40%）	小组考核（60%）	实际得分
任务理解能力	20 分			
任务分析能力	20 分			
任务解决能力	30 分			
团队配合能力	30 分			
合计	100 分			
小组排名				

任务 10.3　人员薪酬管理训练

1. 询问相关的师傅了解他们大致的收入组成情况，列出 2～4 位师傅的大致薪水情况，记录如下：××师傅年龄、在该企业任职几年、目前大体的年收入。

（1）＿＿＿＿＿＿＿＿＿＿＿＿＿＿＿＿＿＿＿＿＿＿＿＿＿＿＿＿＿＿＿＿＿＿＿＿

（2）＿＿＿＿＿＿＿＿＿＿＿＿＿＿＿＿＿＿＿＿＿＿＿＿＿＿＿＿＿＿＿＿＿＿＿＿

（3）＿＿＿＿＿＿＿＿＿＿＿＿＿＿＿＿＿＿＿＿＿＿＿＿＿＿＿＿＿＿＿＿＿＿＿＿

（4）＿＿＿＿＿＿＿＿＿＿＿＿＿＿＿＿＿＿＿＿＿＿＿＿＿＿＿＿＿＿＿＿＿＿＿＿

2. 在不违背该公司商业秘密的前提下，询问人力资源经理或主管了解该公司推销人员（销售代表类似职位）的薪酬情况，如基本薪酬、绩效薪酬、业务提成、工龄津贴等，认真记录。

＿＿

＿＿

3. 了解该公司员工的福利政策：＿＿＿＿＿＿＿＿＿＿＿＿＿＿＿＿＿＿＿＿＿＿＿＿

＿＿

4. 了解该公司员工的奖励制度及频率：＿＿＿＿＿＿＿＿＿＿＿＿＿＿＿＿＿＿＿＿

＿＿

5. 侧面了解本岗位正式员工对自己收入的满意程度：＿＿＿＿＿＿＿＿＿＿＿＿＿

＿＿

6. 列出该公司对员工激励的方式：（三种以上即可）_____
_____
_____

※任务验收※

项目	分值	自我考核（40%）	小组考核（60%）	实际得分
任务理解能力	20 分			
任务分析能力	20 分			
任务解决能力	30 分			
团队配合能力	30 分			
合计	100 分			
小组排名				

任务 10.4　人员绩效考评训练

1. 了解该公司的绩效考评内容及考核的权重分配（在不违背该企业商业机密的情况下）
_____
_____

2. 询问自己的师傅，看他们是否了解绩效考评的内容？　A. 是　　　B. 否
3. 询问他们是否能及时得到考评结果的反馈？　A. 是　　　B. 否
4. 他们对考评结果的感受是什么，任选二人，填写他们的原话：_____
_____
_____

5. 结合你这几天的实习，你对该公司的绩效考评有什么想法？_____
_____

6. 该公司绩效考评使用哪些方法？_____
_____

7. 除了该公司使用的方法外，你还知道哪些绩效考评方法？_____
_____

※任务验收※

项目	分值	自我考核（40%）	小组考核（60%）	实际得分
任务理解能力	20 分			
任务分析能力	20 分			
任务解决能力	30 分			
团队配合能力	30 分			
合计	100 分			
小组排名				

任务 10.5　制定自己的推销职业生涯规划

姓名		性别		年龄	
健康状况		政治面貌		所学专业	
职业意向					
个人因素分析					
环境因素分析					
职业生涯目标	人生目标				
	长期目标				
	中期目标				
	短期目标				
在校学习规划与措施					
中期规划与措施					
长期规划与措施					
备注					

※任务验收※

项目	分值	自我考核（40%）	小组考核（60%）	实际得分
任务理解能力	20分			
任务分析能力	20分			
任务解决能力	30分			
团队配合能力	30分			
合计	100分			
小组排名				

任务10.6 撰写大学生职业生涯规划

【任务要求】 学以致用，举一反三，请对照知识点，做出你大学三年的职业生涯规划，认清自己的优缺点，知晓自己的霍兰德职业兴趣，向一个优秀的营销人的方向大步向前吧！

大学生职业生涯规划简易模板
职业生涯规划书

____班级 ____学号 ____姓名 ____时间 20____年____月

特别说明：严禁抄袭、网上拷贝，发现雷同或相似规划书，均作不及格处理。

一、自我认知

1. 我喜欢干什么——职业兴趣

（1）我的霍兰德职业兴趣测评结果为：_____型

现实型R： 研究型I： 艺术型A： 社会型S： 企业型E： 常规型C：

（写出三个最高分）

大于80分：很感兴趣；79~40分：表示一般；40分以下：不感兴趣或兴趣不大

_____

（2）这种类型的特点：_____

_____

_____

（3）特点印证：_____

_____

_____

2. 我能够干什么——职业技能

我的特长或者比较擅长的方面：_____

3. 我最看重什么——职业价值观

我的主要职业价值取向是：_____

_____

4. 我适合干什么——职业性格
(1) 我的 MBTI 性格（类型）_____

(2) 这个类型的主要特点有：_____

(3) 他人对我的评价是：_____

职业测评结果显示，适合我的职业有_____

我的职业选择是：1._____ 2._____
自我认知小结：个人经历结合学校网站（吉迅测评系统）的评估报告，进行完善_____

二、职业认知

通过网络资料搜索、书籍查阅、现场考察、人物访谈等方式，对行业、职业、专业进行分析。

1. 专业分析
(1) 本专业的培养目标：_____
(2) 本专业的核心课程：_____
(3) 专业所需的技能证书：_____
(4) 主要就业领域和岗位：_____
(5) 本专业当前的就业形势：_____

2. 岗位分析：
(1) 岗位职责：_____
(2) 任职资格：_____
(3) 岗位发展通道：_____
(4) 个人与岗位的差距：_____

职业认知小结

三、职业决策

1. SWOT 分析

（1）我的优势：_____
_____
_____
_____

（2）我的劣势：_____
_____
_____
_____

（3）我的机会：_____
_____
_____
_____

（4）面临的威胁：_____
_____
_____
_____

2. 目标定位

（1）长期目标（___年——___年）：（毕业后3年）_____
_____
_____

（2）中期目标（___年——___年）：（毕业后1年）_____
_____
_____

（3）短期目标（___年——___年）：（近1年）_____
_____
_____

四、计划与路径

1. 短期计划与措施：（知识积累、能力培养）_____
_____
_____
_____

2. 中期计划与措施：_____

_____

_____

3. 长期计划与措施：_____

_____

_____

五、自我监控

1. 备选方案_____

_____

_____

2. 动态调整

结束语：实现个人职业生涯的决心和信心。_____

_____

_____

※娱乐与学习※

《明星雇员》教你领悟推销人员职业生涯规划，明确目标成就未来

【剧情梗概】

【导演】 格雷戈·库利奇

【演员】 戴恩·库克、杰西卡·辛普森、达克斯·史帕德

对于全国规模最大，折扣最多的超市的顾客来说，他们最大的愿望就是拥有超市的会员资格，因为成为会员就拥有了特权。但对于那些在这样的超市工作的人员来说，最让他们垂涎的只有一样东西，那就是成为超市每月的"明星雇员"。因为成为"明星雇员"的人可以获得特权，把自己的大号照片挂在顾客休息室的"荣誉墙"上。扎克·布莱德利和文斯·唐尼也是这个庞大的"明星雇员"竞争队伍中的两员，在长达十年的雇员生涯后，他们走向了完全不同的职业发展方向。文斯和他值得信赖的搭档乔治升格为了超市的"首席收银员"，并且已经连续17次获得超市的"明星雇员"称号。而扎克是一个彻头彻尾的懒鬼，他不修边幅的外表和不思进取的态度，反而让他在其他的同事中很受欢迎。但也正因为这样，扎克这么多年还是超市里最低一级的、负责搬运箱子的员工。本来井水不犯河水的两个人，却因为一个刚调进超市的、号称只和"明星雇员"约会的美丽女收银员——艾米，而开始了一场针对"明星雇员"称号旷日持久的争斗。很快他们联合各自的队伍，在超市里

用各种激烈而又滑稽的方法开始进行争夺……

资料来源：http：//www.verycd.com/entries/307085/有修改

【教师推荐】

　　由于没有长远的职业生涯规划，工作多年的扎克还是一个最底层的搬运工，而同期进公司的文斯已经快胜任到领导岗位了，相同的年龄不一样的发展空间是很多进入职场学生的困惑，因此，越早做好职业规划对自己的人生发展更有利。选用本片的目的是给那些还在夜夜游逛于电脑游戏的同学提个醒，抓紧制定好自己的人生职业发展规划，实现精彩的人生。

附录1

_____学院

二级学院：_____

推销技术实训手册

20 __ / __ 20 __ 学年　第 __ 学期

班级_____
姓名_____
学号_____
指导教师_____

实训起止时间：20 __ 年____月____日—20 __ 年____月____日

附录 1-1　第一天上午实训日志记录表

实训时间		实训组别：第　　组	实训地点：
实训项目			

1. 本次实训主要操作内容（不少于 30 字）

2. 记录你在本小组中所起的作用或贡献（不少于 30 字）

体会与感想（不少于 40 字）	自我评定成绩： （A、B、C、D）
	教师评定成绩：

出勤情况：A. 正常　　B. 迟到　　C. 事假　　D. 旷课　　E. 病假
课堂表现情况：A. 认真　　B. 基本认真　　C. 玩手机　　D. 浏览其他网页　　E. 人为拖延

附录 1-2　第一天下午实训日志记录表

实训时间		实训组别：第　组	实训地点：	
实训项目				

1. 本次实训主要操作内容（不少于 30 字）

2. 记录你在本小组中所起的作用（不少于 30 字）

体会与感想（不少于 40 字）	自我评定成绩： （A、B、C、D）
	教师评定成绩：

出勤情况：A. 正常　　B. 迟到　　C. 事假　　D. 旷课　　E. 病假
课堂表现情况：A. 认真　　B. 基本认真　　C. 玩手机　　D. 浏览其他网页　　E. 人为拖延

附录 1-3　第二天上午实训日志记录表

实训时间		实训组别：第　　组	实训地点：
实训项目			

1. 本次实训主要操作内容（不少于 30 字）

2. 记录你在本小组中所起的作用或贡献（不少于 30 字）

体会与感想（不少于 40 字）	自我评定成绩： （A、B、C、D）
	教师评定成绩：

出勤情况：A. 正常　　B. 迟到　　C. 事假　　D. 旷课　　E. 病假 课堂表现情况：A. 认真　　B. 基本认真　　C. 玩手机　　D. 浏览其他网页　　E. 人为拖延

附录1－4　第二天下午实训日志记录表

实训时间		实训组别：第　　组	实训地点：
实训项目			

1. 本次实训主要操作内容（不少于30字）

2. 记录你在本小组中所起的作用（不少于30字）

体会与感想（不少于40字）	自我评定成绩： （A、B、C、D）
	教师评定成绩：

出勤情况：A. 正常　　B. 迟到　　C. 事假　　D. 旷课　　E. 病假
课堂表现情况：A. 认真　　B. 基本认真　　C. 玩手机　　D. 浏览其他网页　　E. 人为拖延

附录 1-5　第三天上午实训日志记录表

实训时间		实训组别：第　组	实训地点：
实训项目			

1. 本次实训主要操作内容（不少于 30 字）

2. 记录你在本小组中所起的作用或贡献（不少于 30 字）

体会与感想（不少于 40 字）	自我评定成绩： （A、B、C、D）
	教师评定成绩：

出勤情况：A. 正常　　B. 迟到　　C. 事假　　D. 旷课　　E. 病假
课堂表现情况：A. 认真　　B. 基本认真　　C. 玩手机　　D. 浏览其他网页　　E. 人为拖延

附录 1-6　第三天下午实训日志记录表

实训时间		实训组别：第　　组	实训地点：
实训项目			

1. 本次实训主要操作内容（不少于 30 字）

2. 记录你在本小组中所起的作用（不少于 30 字）

体会与感想（不少于 40 字）	自我评定成绩： （A、B、C、D）
	教师评定成绩：

出勤情况：A. 正常　　B. 迟到　　C. 事假　　D. 旷课　　E. 病假
课堂表现情况：A. 认真　　B. 基本认真　　C. 玩手机　　D. 浏览其他网页　　E. 人为拖延

附录1-7 第四天上午实训日志记录表

实训时间		实训组别：第　组	实训地点：
实训项目			

1. 本次实训主要操作内容（不少于30字）

2. 记录你在本小组中所起的作用或贡献（不少于30字）

体会与感想（不少于40字）	自我评定成绩： （A、B、C、D）
	教师评定成绩：

出勤情况：A. 正常　　B. 迟到　　C. 事假　　D. 旷课　　E. 病假
课堂表现情况：A. 认真　　B. 基本认真　　C. 玩手机　　D. 浏览其他网页　　E. 人为拖延

附录1－8　第四天下午实训日志记录表

实训时间		实训组别：第　　组	实训地点：
实训项目			

1. 本次实训主要操作内容（不少于30字）

2. 记录你在本小组中所起的作用（不少于30字）

体会与感想（不少于40字）	自我评定成绩： （A、B、C、D）
	教师评定成绩：

出勤情况：A. 正常　　B. 迟到　　C. 事假　　D. 旷课　　E. 病假
课堂表现情况：A. 认真　　B. 基本认真　　C. 玩手机　　D. 浏览其他网页　　E. 人为拖延

附录 1-9　第五天上午实训日志记录表

实训时间		实训组别：第　　组	实训地点：
实训项目			

1. 本次实训主要操作内容（不少于 30 字）

2. 记录你在本小组中所起的作用或贡献（不少于 30 字）

体会与感想（不少于 40 字）	自我评定成绩： （A、B、C、D）
	教师评定成绩：

出勤情况：A. 正常　　B. 迟到　　C. 事假　　D. 旷课　　E. 病假
课堂表现情况：A. 认真　　B. 基本认真　　C. 玩手机　　D. 浏览其他网页　　E. 人为拖延

附录 1-10　第五天下午实训日志记录表

实训时间		实训组别：第　　组	实训地点：
实训项目			

1. 本次实训主要操作内容（不少于 30 字）

2. 记录你在本小组中所起的作用（不少于 30 字）

体会与感想（不少于 40 字）	自我评定成绩： （A、B、C、D）
	教师评定成绩：

出勤情况：A. 正常　　B. 迟到　　C. 事假　　D. 旷课　　E. 病假
课堂表现情况：A. 认真　　B. 基本认真　　C. 玩手机　　D. 浏览其他网页　　E. 人为拖延

附录1-11 实训结果评定表

	评价项目	标准成绩	实际成绩
企业指导教师评价	学习态度评价（积极、虚心，眼里有问题）	10	
	工作态度评价（认真、负责，眼中有活）	10	
	工作纪律评价（不迟到、不早退，有事能及时请假）	10	
	岗位适应能力评价（上岗速度较快，符合该岗位要求）	10	
	自律能力评价（工作中不开小差，坚持站立式服务）	10	
	接待顾客能力评价（积极主动寻找顾客，能够独当一面，接待顾客面带笑容）	20	
	销售能力评价（独立完成销售任务）	30	
	总成绩		
自我评价	学生签名：		
组员评价	组长签名：		
实训单位评价	实训单位（盖章） 企业指导教师签名：　　　　　　　　　　　　　　　　　　年　　月　　日		

2. 实训总结报告

对整周推销技术实训进行全面总结和反思，分享你的收获，总结你存在的问题，要求字迹工整，分析全面，字数不少于 1 000 字，抄袭者做不及格处理。可交打印稿。

（标题宋体小四，正文宋体五号，行间距 1.5 倍，注明班级、姓名、学号）。

 附录2

实训考勤表现记录表

☺ 迟到○ 旷课○ 事假○ 公假○ 病假○ 优秀○	☺ 迟到○ 旷课○ 事假○ 公假○ 病假○ 优秀○
☺ 迟到○ 旷课○ 事假○ 公假○ 病假○ 优秀○	☺ 迟到○ 旷课○ 事假○ 公假○ 病假○ 优秀○
☺ 迟到○ 旷课○ 事假○ 公假○ 病假○ 优秀○	☺ 迟到○ 旷课○ 事假○ 公假○ 病假○ 优秀○
☺ 迟到○ 旷课○ 事假○ 公假○ 病假○ 优秀○	☺ 迟到○ 旷课○ 事假○ 公假○ 病假○ 优秀○
☺ 迟到○ 旷课○ 事假○ 公假○ 病假○ 优秀○	☺ 迟到○ 旷课○ 事假○ 公假○ 病假○ 优秀○
考勤成绩	实训表现成绩

实训心得信笺（1）

实训心得信笺（2）

实训心得信笺（3）

实训心得信笺（4）

实训心得信笺（5）

实训心得信笺（6）

实训心得信笺（7）

实训心得信笺（8）

参 考 文 献

[1] [美] H. M. Goldmann. How to win customers [M]. London: Staples Press, 1958.
[2] [美] 海因兹·姆·戈德曼. 推销技巧: 怎样赢得顾客 [M]. 谢毅斌, 译. 北京: 农业机械出版社, 1984.
[3] [美] H·N·鲁赛尔. 销售工程 [M]. 张万贤, 洪晋宝, 译. 北京: 机械工业出版社, 1985.
[4] [日] 原一平. 撼动人心的推销法 [M]. 宋霞珍, 译. 福州: 福建科学技术出版社, 1985.
[5] [日] 佐藤久三郎. 推销商品的秘诀——销售心理窥测 [M]. 褚伯良, 孙再吉, 译. 南昌: 江西人民出版社, 1986.
[6] 黄恒学. 现代高级推销技术 [M]. 武汉: 湖北科学技术出版社, 1987.
[7] 胡岳岷. 推销术 [M]. 延吉: 延边大学出版社, 1989.
[8] 郝铭鉴, 孙为. 中国应用礼仪大全 [M]. 上海: 上海文化出版社, 1991.
[9] 憨氏. 商场诈术 [M]. 北京: 新华出版社, 1993.
[10] 李桂荣. 现代推销学 [M]. 第3版. 北京: 中国人民大学出版社, 2003.
[11] 金正昆. 经理人礼仪 [M]. 北京: 中国人民大学出版社, 2006.
[12] 刘顺利. 枕边励志书 [M]. 乌鲁木齐: 远方出版社, 2007.
[13] 孙路弘. 看电影学销售 [M]. 北京: 中国人民大学出版社, 2007.
[14] 张晓青, 高红梅. 推销实务 [M]. 大连: 大连理工大学出版社, 2007.
[15] 万锦虹, 李英. 商务与社交礼仪 [M]. 北京: 北京师范大学出版社, 2008.
[16] 龙平. 企业新进销售员工的十大军规 [M]. 北京: 机械工业出版社, 2009.
[17] 田春来. 现代推销技术 [M]. 北京: 北京理工大学出版社, 2012.
[18] 田春来. 现代推销技术 [M]. 第二版. 北京: 北京理工大学出版社, 2016.
[19] 田春来. 现代推销技术实训 [M]. 北京: 北京理工大学出版社, 2014.